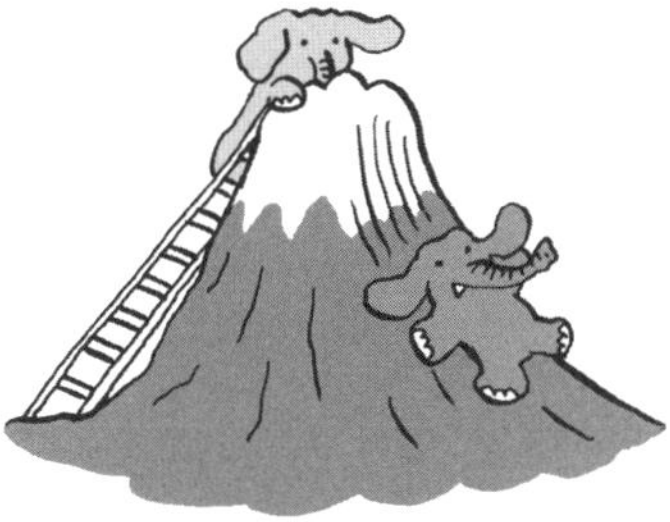

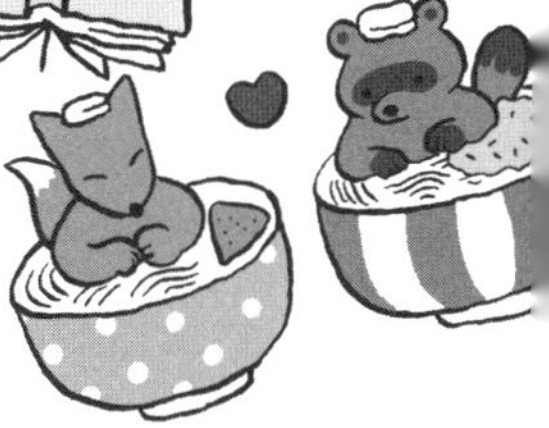

ふるさとって呼んでもいいですか

6歳で「移民」になった私の物語

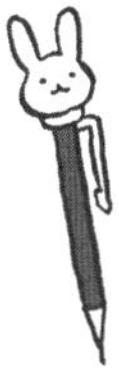

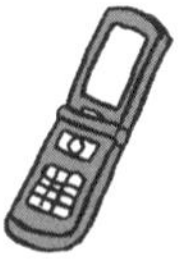

ナディ 著
山口元一 解説

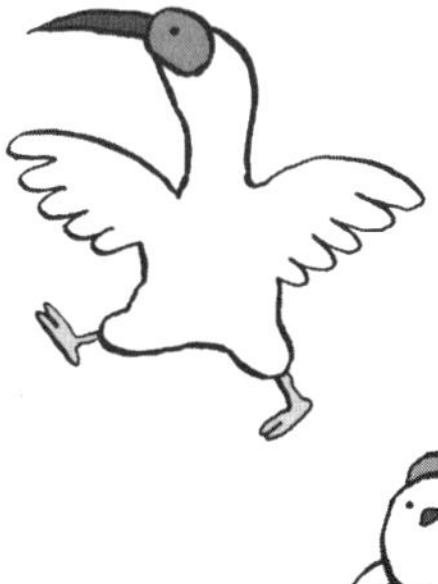

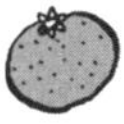

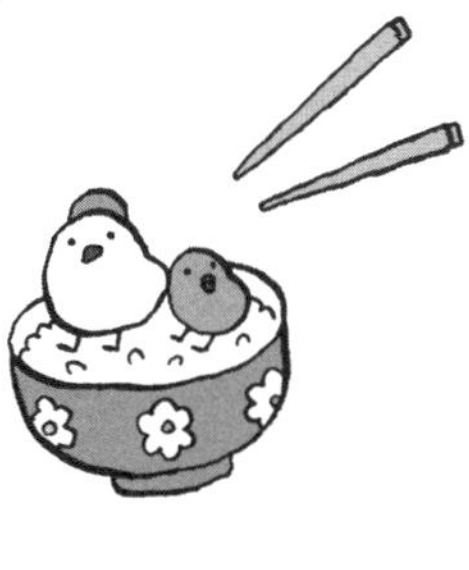

大月書店

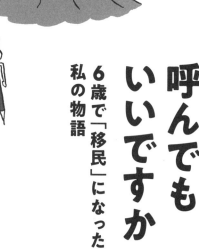

はじめに

みなさん、はじめまして。私《わたし》の名前《なまえ》はナディといいます。（ほんとうはもっと長《なが》い名前《なまえ》なのですが、日本《にほん》ではみんなから「ナディ」という愛称《あいしょう》で呼《よ》ばれてきたので、この本《ほん》でもその名前《なまえ》を使《つか》います。）

私《わたし》は、1991年《ねん》8月《がつ》、両親《りょうしん》と弟《おとうと》二人《ふたり》の家族《かぞく》5人《にん》で、イランから日本《にほん》に来《き》ました。その理由《りゆう》はお父《とう》さんの仕事《しごと》、いわゆる「出稼《でかせ》ぎ」です。そのとき長女《ちょうじょ》の私《わたし》は6歳《さい》、上《うえ》の弟《おとうと》は5歳《さい》、下《した》の弟《おとうと》は1歳《さい》でした。

お父《とう》さんは来日《らいにち》する前《まえ》、イランの首都《しゅと》テヘランで、おじいさんから受《う》け継《つ》いだお店《みせ》を経営《けいえい》していましたが、いろいろな事情《じじょう》でお店《みせ》は潰《つぶ》れ、大《おお》きな借金《しゃっきん》をかかえて途方《とほう》にくれていました。そんなとき偶然《ぐうぜん》、日本《にほん》での出稼《でかせ》ぎから帰《かえ》った近所《きんじょ》の夫婦《ふうふ》から、日本《にほん》のことを聞《き》いたのです。そのころ、イラン・イラク戦争《せんそう》が終《お》わったばかりで経済《けいざい》も不安定《ふあんてい》だったイランより、日本《にほん》へ行《い》って数年働《すうねんはたら》くほうが安定的《あんていてき》だと考《かんが》えたようです。当時《とうじ》、同《おな》じように考《かんが》えて日本《にほん》に出稼《でかせ》ぎに来《き》たイラン人《じん》はおおぜいいました。ただ、私《わたし》たちのように小《ちい》さな子《こ》どもまで連《つ》れて来《き》た家族《かぞく》はまれだったようです。

結局《けっきょく》、その後《ご》28年《ねん》たった現在《げんざい》まで日本《にほん》で暮《く》らすことになり、幼《おさな》かった私《わたし》たちきょうだいも、それぞれ34歳《さい》、33歳《さい》、29歳《さい》の大人《おとな》になりました。

結果《けっか》として、人生《じんせい》のほとんどを日本《にほん》ですごした私《わたし》は、外国人《がいこくじん》（イラン人《じん》）でありながら、話《はな》す言葉《ことば》や考《かんが》え方《かた》、生活《せいかつ》スタイルなど、日本人《にほんじん》に近《ちか》い面《めん》をもちました。その一方《いっぽう》、顔《かお》だちなどは何年《なんねん》住《す》んでもイラン人《じん》のままなので、外見《がいけん》から「外国人《がいこくじん》」あつかいされることもしばしばです。

私《わたし》のように、自分《じぶん》を「外国人《がいこくじん》」「日本人《にほんじん》」とすっぱり分《わ》けることができない人《ひと》は、いまの日本《にほん》におおぜいいるし、これからもどんどんふえると思《おも》います。

私《わたし》がいま自分《じぶん》をなに人《じん》と思《おも》っているかは、あとの章《しょう》で書《か》きますが、「イラン人《じん》」あるいは「日本人《にほんじん》」という表現《ひょうげん》では片付《かたづ》けられない、私《わたし》の感《かん》じている「心《こころ》」についてもお話《はな》ししていきたいと思《おも》います。

これからこの本《ほん》でお話《はな》しすることは、私《わたし》がまだ小《ちい》さい子《こ》どもだったころから、日本《にほん》で経験《けいけん》してきたことです。楽《たの》しい時期《じき》もあり、つらい時期《じき》もたくさんありましたが、それでもなんとか乗《の》りこえて来《く》ることができました。そんな中《なか》で私《わたし》が思《おも》ってきたことや、日本《にほん》になじむまでの体験談《たいけんだん》をまとめています。

近年《きんねん》、日本《にほん》には多《おお》くの外国人《がいこくじん》が来日《らいにち》するようになりました。私《わたし》たち家族《かぞく》が来《き》た90年代《ねんだい》とは、その目的《もくてき》も、出身《しゅっしん》の国《くに》も、さまざまにちがっています。でも、異《こと》なる文化《ぶんか》の国《くに》で生活《せいかつ》するときにぶつかる困難《こんなん》や、その子《こ》どもの経験《けいけん》することには、共通《きょうつう》する部分《ぶぶん》もあるはずです。

私《わたし》の体験《たいけん》は、もちろん私《わたし》だけのものですし、そこにはいくつもの幸運《こううん》もありました。でも、だからといって「自分《じぶん》には関係《かんけい》ない」とは思《おも》わず、ご自分《じぶん》や、ご自分《じぶん》のまわりに暮《く》らす外国人《がいこくじん》にあてはめて考《かんが》えてみてほしいと思《おも》います。

私《わたし》たち家族《かぞく》もそうでしたが、外国人《がいこくじん》の生活《せいかつ》は日本《にほん》の多《おお》くの人《ひと》の目《め》にはふれにくく、そのために偏見《へんけん》や「怖《こわ》い」といったイメージをもたれやすいと思《おも》います。断片的《だんぺんてき》にしか理解《りかい》されていない「外国人《がいこくじん》」のことを、少《すこ》しでも多《おお》くの人《ひと》に知《し》ってもらい、みなさんの身近《みぢか》にいる彼《かれ》らの生活《せいかつ》を想像《そうぞう》してみてほしいと思《おも》います。

この本《ほん》を通《つう》じて、日本《にほん》に長《なが》く住《す》んでいる人《ひと》と、新《あたら》しく暮《く》らしはじめる人《ひと》のつきあい方《かた》のヒントをつかんでいただければうれしいです。

＊１：ひとくちに「外国人《がいこくじん》」といっても、その背景《はいけい》はさまざまです。国籍《こくせき》が日本《にほん》でも、両親《りょうしん》のどちらかが外国人《がいこくじん》など、日《に》本以外《ほんいがい》のルーツをもつ人《ひと》もいます。国籍《こくせき》にかかわらず、日本以外《にほんいがい》の国《くに》や地域《ちいき》にルーツをもっている人《ひと》を「異《こと》なる文《ぶん》化的《かてき》ルーツ（異文化《いぶんか》ルーツ）をもつ人《ひと》」とも呼《よ》びます。この本《ほん》で「外国人《がいこくじん》」という場合《ばあい》、そうした人《ひと》たちも含《ふく》んでいると考《かんが》えてください。そうしたさまざまな背景《はいけい》をもつ人《ひと》や子《こ》どもたちにも読《よ》んでほしいと思《おも》い、この本《ほん》ではすべての漢字《かんじ》にふりがなをふりました。

＊２：２０１９年《ねん》４月《がつ》から入国管理局《にゅうこくかんりきょく》は「出入国在留管理庁《しゅつにゅうこくざいりゅうかんりちょう》」と名称《めいしょう》が変《か》わりましたが、私《わたし》たちは「入管《にゅうかん》」という略《りゃく》称《しょう》になじみがあるので、この本《ほん》では当時《とうじ》の名称《めいしょう》のままにしています。

目次

第3章　うれしい、楽しい、でも困った学校生活　75

第4章 日本で胸をはって暮らしたい! 133

第5章 私はイラン人?日本人? 165

第6章　私はここにいます　195

第 1 章

外国《がいこく》に行《い》くってどういうこと？

袋《ふくろ》入《い》りのムカデ?!

「なんだろう、この袋《ふくろ》」

「お菓子《かし》じゃない？」

「やった！」

赤《あか》くてツルツルの袋《ふくろ》を、私《わたし》と幼《おさな》い弟《おとうと》は、まじまじと見《み》つめます。

「……」

「何《なに》、このピンクの虫《むし》？」

「……ムカデ?!」

とたんに、ビクッとした弟《おとうと》は袋《ふくろ》から離《はな》れました。

「あんた開《あ》けてよ」

「お姉《ねえ》ちゃんなんだから、ナディが開《あ》けてよ！」

「弟《おとうと》なんだから、言《い》うこと聞《き》きなさいよ！」

私《わたし》と弟《おとうと》は、むきになってその袋《ふくろ》を押《お》しつけあいました。

もしも、そのときに戻《もど》れるなら、私《わたし》は子《こ》どもの私《わたし》に教《おし》えてあげたい。

それはお菓子《かし》だよ。「やめられない止《と》まらない」のCMでおなじみの、かっぱえびせんだよ。袋《ふくろ》に書《か》いてあるのはムカデじゃなくて、エビなのよ！


なぜ私《わたし》たちきょうだいが、かっぱえびせんの袋《ふくろ》を怖《こわ》がっていたのかというと、それはまだ日本《にほん》に来《き》て間《ま》もなかったからです。私《わたし》たちは日本語《にほんご》がまったくわからず、日本《にほん》の文化《ぶんか》もほとんど知《し》りませんでした。私《わたし》はイランでエビを食《た》べたことはあっても、殻《から》をむく前《まえ》のすがたを見《み》たことはなかったので、袋《ふくろ》に描《えが》かれたものがエビだとわからなかったのです。

戦争《せんそう》の記憶《きおく》

突然《とつぜん》ですが、いまこの本《ほん》を読《よ》んでいるあなたは、4歳《さい》のころの記憶《きおく》をなにか覚《おぼ》えていますか？

たいていの人《ひと》は、あまり覚《おぼ》えていないと思《おも》います。でも私《わたし》や、私《わたし》と同《おな》じくらいの年《とし》で、当時《とうじ》イランに暮《く》らしていた子《こ》どもたちはちがいます。

私《わたし》が生《う》まれる4年前《ねんまえ》から、イランはとなりの国《くに》のイラクと戦争《せんそう》をしていました。この「イラン・イラク戦争《せんそう》」は8年間つづき、戦争《せんそう》が終《お》わったのは私《わたし》が4歳《さい》のときでした。

私《わたし》は小《ちい》さいころから相当《そうとう》のおてんば娘《むすめ》だったようですが、そんな私《わたし》も、お母《かあ》さんが昼食《ちゅうしょく》を作《つく》っている最中《さいちゅう》、空襲警報《くうしゅうけいほう》のサイレンが突然《とつぜん》ウーウーと大《おお》きな音《おと》で鳴《な》りはじめると、一瞬《いっしゅん》で静《しず》かになりました。そして幼《おさな》い私《わたし》と弟《おとうと》は、お母《かあ》さんのいるキッチンへと全力《ぜんりょく》で走《はし》っていきました。

お母《かあ》さんは、私《わたし》たち二人《ふたり》を抱《だ》き上《あ》げ、おばあちゃんと一緒《いっしょ》に家《いえ》の地下室《ちかしつ》へと走《はし》っていきます。地下室《ちかしつ》までの距離《きょり》は、たぶんそんなに長《なが》くはなかったはずですが、とても長《なが》く感《かん》じたものでした。地下室《ちかしつ》へ着《つ》くと、私《わたし》たちは両手《りょうて》で耳《みみ》をふさぎ、目《め》を閉《と》じました。そして、お母《かあ》さんとおばあちゃんはラジオに聞《き》き入《い》りました。

しばらくして空襲警報《くうしゅうけいほう》がやむと、私《わたし》たちは部屋《へや》へ戻《もど》り、テレビのニュースに見入《みい》っていました。ただし、夜《よる》の空襲《くうしゅう》のあとはテレビはつけません。街《まち》が暗《くら》いなかで、ひとつの家《いえ》だけが明《あか》るければ、爆弾《ばくだん》を落《お》とす標的《ひょうてき》になってしまうからです。夜《よる》は家《いえ》の電気《でんき》はつけず、ランプを使《つか》いました。ランプの上《うえ》から黒《くろ》い布《ぬの》をかぶせて、さらに暗《くら》くしたりもしていました。

苦《くる》しくなりはじめた生活《せいかつ》

戦争《せんそう》が終《お》わったあとも、イランの経済《けいざい》は安定《あんてい》しませんでした。お父《とう》さんが、おじいさんの代《だい》からつづけていたお店《みせ》の経営《けいえい》も、どんどん悪《わる》くなるばかりでした。食料品《しょくりょうひん》や生活必需品《せいかつひつじゅひん》は配給制《はいきゅうせい》でしたが、配給《はいきゅう》される物資《ぶっし》だけでは、食料《しょくりょう》や子《こ》どものミルクが足《た》りない家庭《かてい》もあります。そんな人《ひと》たちは、お父《とう》さんのお店《みせ》に来《き》て、頼《たの》みこんで買《か》っていました。ほかのお店《みせ》が高《たか》い値段《ねだん》で売《う》りつけるのに、お父《とう》さんは彼《かれ》らの払《はら》える金額《きんがく》で売《う》っていたからです。お金《かね》に困《こま》っている人《ひと》には、「お金《かね》ができたときに持《も》ってきてくれればいいよ」と言《い》っていたそうです。

いつごろかはよく覚《おぼ》えていませんが、お店《みせ》に泥棒《どろぼう》が入《はい》ってしまったこともありました。そんなことが重《かさ》なって、お店《みせ》の経営《けいえい》が立《た》ち行《ゆ》かなくなり、かわりに大《おお》きな借金《しゃっきん》ができてしまったのです。

それまで、比較的裕福《ひかくてきゆうふく》な家庭《かてい》の子《こ》が通《かよ》う学校《がっこう》に行《い》っていた私《わたし》も、そうではない学校《がっこう》に転校《てんこう》し、タクシーで送迎《そうげい》してもらっていたのもバスに変《か》わりました。

借金《しゃっきん》を返《かえ》すために、お父《とう》さんとお母《かあ》さんは、まだ住《す》んで間《ま》もなかった大《おお》きな家《いえ》を売《う》りました。

それでもまだ多《おお》くの借金《しゃっきん》が残《のこ》っていたので、お父《とう》さんはタクシーの運転手《うんてんしゅ》をはじめ、お母《かあ》さんも髪飾《かみかざ》りなどを作《つく》る内職《ないしょく》をはじめました。

家《いえ》を売《う》ってからは、場所《ばしょ》もあまりよくない、だだっ広《ぴろ》い一部屋《ひとへや》の家《いえ》に引《ひ》っ越《こ》しました。電話《でんわ》はなく、古《ふる》いじゅうたんが1枚《まい》、そして小《ちい》さな白黒《しろくろ》のテレビと、ほんとうに小《ちい》さなタンスがあるだけでした。むき出《だ》しの茶色《ちゃいろ》のレンガの壁《かべ》が、よけいにさびしさを際立《きわだ》たせていました。見《み》るからに質素《しっそ》で、それまでそんな生活《せいかつ》をしたことがなかった私《わたし》たちには驚《おどろ》きしかありませんでした。

家《いえ》を売《う》ったときは、私《わたし》もすごくさびしかったのですが、私《わたし》たちがさびしい顔《かお》をすると、お父《とう》さんやお母《かあ》さんはますます悲《かな》しんでしまうと思《おも》って、私《わたし》はあまり顔《かお》に出《だ》さないようにしていました。

日本《にほん》に行《い》くってどういうこと？

日《ひ》がすぎるにつれて、家《いえ》の状況《じょうきょう》はどんどん悪化《あっか》していきました。学校《がっこう》の先生《せんせい》も、何《なに》かを察《さっ》したのか、お母《かあ》さんを学校《がっこう》に呼《よ》んで、

「授業中《じゅぎょうちゅう》に何《なに》か不安《ふあん》げな顔《かお》をしています。家庭《かてい》で何《なに》かあったのですか？」

とたずねました。

先生《せんせい》とお母《かあ》さんの会話《かいわ》を聞《き》きながら、私《わたし》は不安《ふあん》でいっぱいでした。

（家《いえ》のことを私《わたし》も気《き》にしているのを、お母《かあ》さんが知《し》ったらよけい悲《かな》しんでしまう。どうしよう……）

そんな私《わたし》の不安《ふあん》をよそに、先生《せんせい》は成績表《せいせきひょう》を開《ひら》いて、

「最近《さいきん》、成績《せいせき》がすごく落《お》ちています。授業中《じゅぎょうちゅう》も何《なに》か考《かんが》えこんでいることが多《おお》く、それが成績《せいせき》にあらわれているのだと思《おも》います」

などと、どんどん話《はな》してしまいました。お母《かあ》さんは驚《おどろ》いたようでしたが、

「家《いえ》のお店《みせ》の経営状態《けいえいじょうたい》が悪《わる》く、たくさんの借金《しゃっきん》ができてしまい、お父《とう》さんがこのところ借金取《しゃっきんと》りから隠《かく》れるために家《いえ》に帰《かえ》らない日《ひ》がふえているのです。この子《こ》も少《すこ》しずつ気《き》がついて、悩《なや》んでいたのでしょう。……まだ具体的《ぐたいてき》に決《き》まったわけではありませんが、借金《しゃっきん》を返《かえ》すために、日本《にほん》に出稼《でかせ》ぎに行《い》こうかと考《かんが》えています」

この日《ひ》のことは、ここまでの記憶《きおく》ははっきりしていますが、この先《さき》は少《すこ》しも覚《おぼ》えていないので

す。お母《かあ》さんが先生《せんせい》に言《い》った、「お父《とう》さんが借金取《しゃっきんと》りから隠《かく》れるために家《いえ》に帰《かえ》らない日《ひ》がふえている」という言葉《ことば》は、お父《とう》さんが帰《かえ》ってこない理由《りゆう》を知《し》らなかった私《わたし》には、とても衝撃的《しょうげきてき》でした。1週間《しゅうかん》に2日《か》ほどしか家《いえ》に帰《かえ》らなくなってしまったお父《とう》さん。でも、ときどき家《いえ》に帰《かえ》ってくるのを私《わたし》たちはすごく喜《よろこ》んでいました。

でも、そのこと以上《いじょう》に、お母《かあ》さんが先生《せんせい》に言《い》った、「借金《しゃっきん》を返《かえ》すために、日本《にほん》に出稼《でかせ》ぎに行《い》こうかと考《かんが》えています」という言葉《ことば》が、何回《なんかい》もくり返《かえ》しグルグルと回《まわ》って、頭《あたま》の中《なか》を占領《せんりょう》していたのでした。

日本《にほん》にはペルシャ語《ご》を話《はな》すハチがいる？

当時《とうじ》イランのテレビでは、「おしん」という昔《むかし》の日本《にほん》のドラマや、「水戸黄門《みとこうもん》」のアニメ（！）、「みなしごハッチ」などが放送《ほうそう》されていました。それを欠《か》かさず毎週見《まいしゅうみ》ていた私《わたし》にとって、日本《にほん》といえばそうしたテレビ番組《ばんぐみ》のイメージでした。

「日本《にほん》では、ハチがあんなふうに話《はな》したりするんだなぁ」

と考《かんが》えて、日本《にほん》に行《い》ったら私《わたし》もハチを飼《か》ってみたいな……なんて思《おも》っていました。

イランはイスラム教《きょう》の国《くに》ですが、そのころの私《わたし》は、世界《せかい》にはイスラム教徒《きょうと》しかいないと思《おも》っていました。ですから、水戸黄門《みとこうもん》もイスラム教徒《きょうと》で1日《にち》5回《かい》お祈《いの》りをするし、おしんが女《おんな》の子《こ》なのにスカーフをしていないのは子《こ》どもだからだと思《おも》っていました。

そして決定的《けっていてき》なことと言《い》えば、テレビの登場人物《とうじょうじんぶつ》がみんなペルシャ語《ご》で会話《かいわ》しているのだから、日本《にほん》でもペルシャ語《ご》が通《つう》じるものだと信《しん》じきっていました。6歳《さい》の知識《ちしき》なんて、そんなものですよね。

だから、私《わたし》にとって「日本《にほん》に行《い》く」ということは、おしんや黄門様《こうもんさま》、ハッチのいる国《くに》に行《い》ける、くらいにしか思《おも》っていなかったのでした。

「着物《きもの》やちょんまげ頭《あたま》の人《ひと》たちに会《あ》えるんだ！　おしんと同《おな》じ着物《きもの》を私《わたし》も着《き》てみたいな〜」

まるでテーマパークに行《い》くようなワクワク感《かん》だけで、一抹《いちまつ》の不安《ふあん》も感《かん》じていなかったのです。

日本《にほん》で働《はたら》くためには

そんな私《わたし》の思《おも》い込《こ》みをよそに、とうとうお父《とう》さんとお母《かあ》さんは日本《にほん》に行《い》くという決意《けつい》をしました。以前《いぜん》に日本《にほん》で働《はたら》いていたという近所《きんじょ》の夫婦《ふうふ》が、日本《にほん》についての情報《じょうほう》を両親《りょうしん》に教《おし》えてくれました。

当時《とうじ》、イランからは事前《じぜん》にビザ（外国《がいこく》に入国《にゅうこく》するのに必要《ひつよう》な許可証《きょかしょう》。コラム1参照《さんしょう》）の申請《しんせい》をしなくても、日本《にほん》に来《く》ることができました。その場合《ばあい》、入国《にゅうこく》のさいに短期《たんき》の観光《かんこう》ビザが発行《はっこう》されます。

80年代《ねんだい》の日本《にほん》はバブル経済《けいざい》で景気《けいき》がよく、「3K」などと呼《よ》ばれた工場《こうじょう》などのきつい仕事《しごと》は、安《やす》い賃金《ちんぎん》で働《はたら》く外国人労働者《がいこくじんろうどうしゃ》に頼《たよ》っていました。そのため、多《おお》くのイラン人《じん》が戦後《せんご》の混乱《こんらん》した祖国《そこく》を離《はな》れ、仕事《しごと》を求《もと》めて日本《にほん》に来《き》たのでした。ほんとうは、観光《かんこう》ビザで来日《らいにち》した人《ひと》は働《はたら》いてはいけないし、雇《やと》うことも許《ゆる》されていなかったのですが。

近所《きんじょ》の夫婦《ふうふ》も、そうやって日本《にほん》で働《はたら》いて帰国《きこく》したのでした。お父《とう》さんとお母《かあ》さんは、その夫婦《ふうふ》に日本《にほん》の状況《じょうきょう》や仕事《しごと》のことなどを熱心《ねっしん》に質問《しつもん》していました。

まず、いちばん重要《じゅうよう》なことは仕事《しごと》でした。日本《にほん》に行《い》っても働《はたら》く場所《ばしょ》がなければ、どうにもならなかったからです。その近所《きんじょ》の人《ひと》が、自分《じぶん》が日本《にほん》で働《はたら》いていた工場《こうじょう》と連絡《れんらく》をとってくれました。そして、工場《こうじょう》の社長《しゃちょう》さんに「日本《にほん》に行《い》きたがっている人《ひと》がいる。日本語《にほんご》の話《はな》せる男性《だんせい》がひとりだ。ビザもある」と伝《つた》えたのでした。

いまから思《おも》えば、この人《ひと》が社長《しゃちょう》さんに伝《つた》えたことはすべて事実《じじつ》ではありませんでした。日本《にほん》で（ほかの国《くに》でもそうですが）外国人《がいこくじん》が働《はたら》くとき、言葉《ことば》が通《つう》じなければ、仕事《しごと》を覚《おぼ》えるのも遅《おそ》くなるし、意思《いし》の疎通《そつう》ができず、とても苦労《くろう》します。そのために、日本語《にほんご》がまったくできない外国人《がいこくじん》は雇《やと》わないという会社《かいしゃ》もありました。それに、多《おお》くが工場《こうじょう》などのきつい仕事《しごと》なので、力《ちから》がある男《おとこ》の人《ひと》のほうが女《おんな》の人《ひと》よりも必要《ひつよう》とされました。

そして、日本《にほん》で働《はたら》いていいのは、就労《しゅうろう》を認《みと》めたビザがある外国人《がいこくじん》だけです。就労《しゅうろう》を認《みと》めたビザがない外国人《がいこくじん》を雇《やと》うことは、経営者《けいえいしゃ》にとっても法律違反《ほうりついはん》になります。でも、この当時《とうじ》、日本《にほん》の経《けい》済《ざい》は好調《こうちょう》で、多《おお》くの工場《こうじょう》で働《はたら》き手《て》が足《た》りなかったため、安《やす》い賃金《ちんぎん》でしっかり働《はたら》く外国人労働者《がいこくじんろうどうしゃ》が必要《ひつよう》とされ、ビザがない人《ひと》もたくさん雇《やと》われていました。

日本帰《にほんがえ》りだけあって、そういう事情《じじょう》を知《し》っていたこの人《ひと》は、工場《こうじょう》の社長《しゃちょう》さんに「日本語《にほんご》の話《はな》せる男性《だんせい》がひとり」と言《い》い、まだ決《き》まってもいないのに「ビザもある」と言《い》ったのです。もちろん、私《わたし》たちの家族《かぞく》にビザがおりるかどうかはまだわからなかったので、嘘《うそ》と決《き》まったわけではなかったかもしれませんが……。

日本《にほん》に行《い》く前《まえ》に、まず仕事《しごと》ができる場所《ばしょ》を確保《かくほ》しておくほうがいいと、この人《ひと》は判断《はんだん》したのでしょう。さらには、住《す》むところまで、イランにいるあいだに大体《だいたい》のことを決《き》めてくれました。

家族《かぞく》みんなで日本《にほん》に行《い》こう!

日本《にほん》行《い》きの話《はなし》が持《も》ち上《あ》がった最初《さいしょ》のうちは、お父《とう》さんがひとりで行《い》くつもりでいました。けれども、お母《かあ》さんはそのことにだんだん不安《ふあん》を覚《おぼ》えるようになりました。

「イランのお店《みせ》だってだめにして借金《しゃっきん》を背負《せお》うような人《ひと》が、外国《がいこく》でひとりでうまくいくわけがない! 自分《じぶん》が一緒《いっしょ》に行《い》って、見張《みは》らないと」

と思《おも》ったようです。

しかし、親戚《しんせき》の人《ひと》たちはみんな、お母《かあ》さんと私《わたし》たち子《こ》どもがついていくということに、とても反対《はんたい》しました。お母《かあ》さんは、イランでは比較的裕福《ひかくてきゆうふく》な家《いえ》の生《う》まれで、お嬢様《じょうさま》のような暮《く》らししか知《し》らなかったからです。

「世《よ》の中《なか》のことを何《なに》もわかっていないおまえが一緒《いっしょ》に行《い》っても、足手《あしで》まといになるだけだ。それに子《こ》どもたちはどうするんだ。モハマはまだ2歳《さい》にもなっていないじゃないか。だれがめんどうを見《み》るんだ？　日本《にほん》の生活《せいかつ》はそんなにかんたんなものじゃないんだぞ」

と、親戚《しんせき》じゅうから言《い》われました。

「モハマのめんどうはナディが見《み》てくれます。私《わたし》も子《こ》どもたちも、お父《とう》さんと離《はな》れることはできません。何《なん》と言《い》われてもついていきます」

お母《かあ》さんはいつも泣《な》きながら言《い》っていました。それでも、だれも納得《なっとく》はしてくれませんでしたが、お母《かあ》さんはついに自分《じぶん》の意志《いし》を曲《ま》げなかったのです。そして結局《けっきょく》、家族《かぞく》みんなで日本《にほん》に行《い》くことになったのですが、こうなると今度《こんど》、みんなの目《め》が向《む》けられたのは私《わたし》です。

それまで、日本《にほん》に行《い》くことが楽《たの》しみでしかたなく、

（日本《にほん》ではどんなところに住《す》むのかな？　どんな学校《がっこう》に通《かよ》うのかな？）

などと、自分《じぶん》なりにあれこれ考《かんが》えていた私《わたし》でしたが、それ以来《いらい》、まわりの人《ひと》みんなから、

「お父《とう》さんとお母《かあ》さんは働《はたら》きに行《い》くんだから、ナディが弟《おとうと》たちの世話《せわ》をしないといけないんだよ。わかっているかい？」

「日本《にほん》に行《い》くのは遊《あそ》びじゃないのよ。お母《かあ》さんとお父《とう》さんがずっと働《はたら》くんだから、ナディはそれをじゃましないように支《ささ》えるんだよ」

などと、会《あ》うたびに言《い》われました。日本《にほん》に行《い》く理由《りゆう》は、言《い》われるまでもなく自分《じぶん》でもわかっていましたが、くりかえしそう言《い》われるのがいやで、私《わたし》はわざとわからないふりをしました。深刻《しんこく》な顔《かお》をしていると、お母《かあ》さんが、私《わたし》にも苦労《くろう》させると思《おも》って、ますます落《お》ちこむのではと心配《しんぱい》していたのです。

日本《にほん》の情報《じょうほう》を教《おし》えてくれた夫婦《ふうふ》は、私《わたし》たちがどんなふうに準備《じゅんび》をすすめたらいいのかも教《おし》えてくれました。

「工場《こうじょう》から少《すこ》し歩《ある》いたところに、私《わたし》たちが住《す》んでいたアパートがある。そこにはイラン人《じん》がたくさんいるから大丈夫《だいじょうぶ》だよ。何《なに》かあったらみんな助《たす》けてくれると思《おも》うし、家賃《やちん》もそんなに高《たか》くはない。ただ、部屋《へや》はほんとうに狭《せま》いぞ。トイレもお風呂《ふろ》も、部屋《へや》にはないし。でも小《ちい》さなコンロのようなものはあるから、大丈夫《だいじょうぶ》だよ」

「洋服《ようふく》はあまり持《も》っていかなくてもいいと思《おも》う。食器《しょっき》や布団《ふとん》も。日本《にほん》にはなんでもあるし、荷物《にもつ》がふえてじゃまになるだけだ。必要最低限《ひつようさいていげん》のものだけ持《も》っていきなさい。日本語《にほんご》も、住《す》んでいればすぐに覚《おぼ》えられるから心配《しんぱい》はいらないよ」

いともかんたんに言《い》われましたが、お父《とう》さんはとりあえず英語《えいご》を勉強《べんきょう》することにしました。日《に》本語《ほんご》の教材《きょうざい》は当時《とうじ》なかなか手《て》に入《はい》らなかったし、外国《がいこく》といえば英語《えいご》という感覚《かんかく》だったのかもしれません。友《とも》だちから「セサミストリート」の子《こ》ども用英語教材《ようえいごきょうざい》のお古《ふる》をもらい、家《いえ》にいるときはいつも読《よ》んでいました。

洋服《ようふく》は必要《ひつよう》ないと言《い》われたので、たくさん残《のこ》った子《こ》ども服《ふく》をきれいにして、お母《かあ》さんは近所《きんじょ》の貧《まず》しい家《いえ》の人《ひと》たちに譲《ゆず》りました。そして、私《わたし》たちには、

「自分《じぶん》たちのお下《さ》がりだとか言《い》っちゃだめよ。もらった子《こ》が、恥《は》ずかしいと思《おも》ってしまうかもしれないからね」

と注意《ちゅうい》をしたのです。私《わたし》たちはよくわからないまま、「わかった」とうなずきました。

そんなふうにして、家族《かぞく》そろって日本《にほん》に行《い》く準備《じゅんび》は急《きゅう》ピッチですすんでいきました。

「イランには帰《かえ》ってくるな」

荷《に》づくりの次《つぎ》は、もっとも重要《じゅうよう》な、日本行《にほんい》きの飛行機《ひこうき》のチケット代金《だいきん》の問題《もんだい》が待《ま》っていました。お父《とう》さんだけなら一人分《ひとりぶん》でよかったものが、家族《かぞく》5人分《にんぶん》になったのですから、もはや私《わたし》の家族《かぞく》だけで払《はら》える金額《きんがく》ではありません。

この問題《もんだい》で両親《りょうしん》の相談《そうだん》にのってくれていたのは、お父《とう》さんのお兄《にい》さん、アム・モハンデスでした（「アム」は父方《ちちかた》のおじさんをいいます）。私《わたし》たちきょうだいを自分《じぶん》の子《こ》どものようにかわいがってくれていて、私《わたし》たちもアムのことが大好《だいす》きでした。カーシャンという都市《とし》の市役所《しやくしょ》に勤《つと》め、地《じ》元《もと》では有名《ゆうめい》な建築士《けんちくし》だったアム・モハンデスは、私《わたし》たちのチケットのお金《かね》を出《だ》してくれたのでした。もちろん日本《にほん》で稼《かせ》いだお金《かね》で返《かえ》すことが前提《ぜんてい》だったのですが、それでも無一文《むいちもん》だった両親《りょうしん》に、あれだけのお金《かね》を貸《か》してくれたのは彼《かれ》だけだったのです。

そのときアム・モハンデスはお父《とう》さんに言《い》いました。

「もし日本《にほん》に入国《にゅうこく》できなかったら……そのときは、もうイランには帰《かえ》ってくるな。ちがう国《くに》に入《にゅう》国《こく》するか、もしくは……」

もしも日本《にほん》に入国《にゅうこく》できなくても、イランという国《くに》は忘《わす》れて二度《にど》と戻《もど》ってくるな。君《きみ》たちの居場《いば》所《しょ》はもうイランにないと思《おも》え、ということだったのです。

日本《にほん》への出発《しゅっぱつ》の前《まえ》に、お母《かあ》さんは私《わたし》たち3人《にん》を連《つ》れて、実家《じっか》のあるタブリズという都市《とし》に別《わか》れのあいさつに行《い》きました。おばあちゃんは私《わたし》たちが大好《だいす》きな目玉焼《めだまや》きを作《つく》ってくれました。フライパンに焦《こ》げついた部分《ぶぶん》を、私《わたし》と上《うえ》の弟《おとうと》が取《と》りあっていると、おばあちゃんはそれを見《み》て、「目玉焼《めだまや》きの焦《こ》げつきを取《と》りあっているような子《こ》どもを見《み》たら、だれだって同情《どうじょう》してくれるよ……。心配《しんぱい》しないで、ぜったい日本《にほん》に行《い》けるから。がんばるのよ」

そうお母《かあ》さんを励《はげ》ましてくれたのでした。

タブリズからテヘランに戻《もど》ると、すぐに日本《にほん》へ旅立《たびだ》つ日《ひ》になりました。お母《かあ》さんたちの不安《ふあん》をよそに、私《わたし》は早《はや》く飛行機《ひこうき》に乗《の》りたくてたまりませんでした。

まだ家《いえ》が裕福《ゆうふく》だったころ、タブリズ行《い》きの飛行機《ひこうき》に何回《なんかい》か乗《の》ったことがあり、機内食《きないしょく》の食器《しょっき》を持《も》ち帰《かえ》って、おままごと道具《どうぐ》にして遊《あそ》んでいました。日本行《にほんい》きとなれば2時間《じかん》やそこらでは着《つ》かないはずので、何回《なんかい》機内食《きないしょく》が出《で》るんだろう、食器《しょっき》はいくつもらえるだろうと、それが楽《たの》しみだったのです。

一方《いっぽう》で、見送《みおく》りに来《き》ていた10人《にん》ほどの親戚《しんせき》はすごく暗《くら》い顔《かお》で、言葉数《ことばかず》も少《すく》なく、それぞれ自分《じぶん》の足《あし》もとを見《み》ていました。お母《かあ》さんは泣《な》いていました。アム・モハンデスはなんだか怒《おこ》っているようでした。あのときは怖《こわ》かったけれど、いま思《おも》えば、泣《な》くのをこらえるためだったのかもしれません。

（2年《ねん》くらいで帰《かえ》ってくるって言《い》ってるんだから、みんなそこまで悲《かな》しまなくてもいいのに。第《だい》一《いち》、日本《にほん》に行《い》けるなんてすごいことなのに！　どうしてみんな、わかってないんだろう）

いま思《おも》えばほんとうに子《こ》どもだなあと思《おも》いますが、当時《とうじ》の私《わたし》は真剣《しんけん》にそう考《かんが》えていました。

荷物《にもつ》を預《あず》ける手続《てつづ》きをして、私《わたし》たちは搭乗《とうじょう》ゲートに向《む》かいました。これが、その後《ご》11年先《ねんさき》まで戻《もど》ってくることのできない長《なが》いお別《わか》れになるとは、私《わたし》には想像《そうぞう》もできませんでした。

私《わたし》たちはインドのニューデリー経由《けいゆ》のチケットを買《か》っていたのですが、ニューデリーでのトランジット（待《ま》ち時間《じかん》）が24時間《じかん》もありました。少《すこ》しでもよけいなお金《かね》を使《つか》いたくなかったお母《かあ》さんは、ゆで卵《たまご》とパンを持《も》ってきていました。けれども不運《ふうん》なことに、機内《きない》に持《も》ち込《こ》む手荷物《てにもつ》以外《いがい》は最終目的地《さいしゅうもくてきち》の成田空港《なりたくうこう》でしか受《う》け取《と》れなかったので、せっかく準備《じゅんび》したゆで卵《たまご》とパンは食《た》べられなかったのです。

こうして、テヘラン空港《くうこう》からインドのニューデリー空港《くうこう》を経由《けいゆ》し、約《やく》35時間《じかん》かけて、私《わたし》たち家《か》族《ぞく》は日本《にほん》へやってきました。

いよいよ日本《にほん》に上陸《じょうりく》！

成田空港《なりたくうこう》に着《つ》いたのは日本時間《にほんじかん》の朝方《あさがた》でした。飛行機《ひこうき》の中《なか》でずっと眠《ねむ》っていた弟《おとうと》たちは、途中《とちゅう》で起《お》こされたことで不機嫌《ふきげん》になってしまい、とくに下《した》の弟《おとうと》のモハマはずっと泣《な》いていました。まだ2歳《さい》にもならないのに、慣《な》れない飛行機《ひこうき》の長旅《ながたび》で、無理《むり》もありません。私《わたし》も疲《つか》れと眠《ねむ》さでいっぱいでしたが、わがままを言《い》ってはいけないと思《おも》ってがまんしていました。

空港《くうこう》のゲートで、お父《とう》さんが入国《にゅうこく》にあたってのいくつかの書類《しょるい》を記入《きにゅう》しました。ところが、あまりに私《わたし》たちがうるさくしていたせいか、自分《じぶん》の生年月日《せいねんがっぴ》をまちがえて1歳若《さいわか》く記入《きにゅう》してしまったのです。あれだけ準備《じゅんび》をしたのに、そんなまちがいをなぜここで……と思《おも》うのですが、案《あん》の定《じょう》、このことが最初《さいしょ》の大問題《だいもんだい》になったのでした。

入管《にゅうかん》（入国管理局《にゅうこくかんりきょく》）の職員《しょくいん》とお父《とう》さんが押《お》し問答《もんどう》をしています。

「生年月日《せいねんがっぴ》がまちがっているから、入国《にゅうこく》はできない。どうせ働《はたら》きにやってきたんだろう？　わかっているんだぞ。日本《にほん》には入《はい》れない。国《くに》に帰《かえ》りなさい」

「ひとつまちがえただけです。私《わたし》たちは観光《かんこう》で広島《ひろしま》と長崎《ながさき》を見《み》に来《き》たんです。子《こ》どもたちも疲《つか》れきっていて、このままイランには戻《もど》れません。お願《ねが》いします！」

私《わたし》たちはガラス張《ば》りの小《ちい》さな部屋《へや》に移《うつ》されました。そこはディポート室《しつ》と呼《よ》ばれる部屋《へや》だったらしいのですが、のちに日本《にほん》にいるほかのイラン人《じん》に聞《き》いたところ、一度《いちど》その部屋《へや》に移《うつ》されると、本国《ほんごく》に送《おく》り返《かえ》される以外《いがい》はないとか……。

このディポート室《しつ》に移《うつ》されてから、ゆうに4時間《じかん》は取《と》り調《しら》べがつづきました。弟《おとうと》たちはずっと泣《な》きじゃくっていて、部屋《へや》の外《そと》を通《とお》る人《ひと》がみんな私《わたし》たちのほうを見《み》ていました。私《わたし》たちと同《おな》じ便《びん》で来《き》たほかの旅行者《りょこうしゃ》はひとりもいなくなって、空港《くうこう》の中《なか》はとても静《しず》かでした。

4時間《じかん》がすぎるころ、お父《とう》さんが別《べつ》の若《わか》い職員《しょくいん》と一緒《いっしょ》に、私《わたし》たちのところへやってきて言《い》いました。

「この人《ひと》がビザをくれた。ちゃんとお礼《れい》を言《い》いなさい。急《いそ》げ、いつまた気《き》が変《か》わるかわからないぞ。ナディも準備《じゅんび》をして。さあ、日本《にほん》に入《はい》るぞ！」

あとから聞《き》くと、お父《とう》さんはその職員《しょくいん》から、「あなたの家族《かぞく》が働《はたら》きに来《き》たということはわかっている。でも観光《かんこう》ビザでは3か月《げつ》しか日本《にほん》にはいられないからね。ちゃんと期限《きげん》のあいだに帰《かえ》りなさい」といったことを言《い》われていたそうです。

そんなことを知《し》らない私《わたし》たちは、イランで勉強《べんきょう》した英語《えいご》を活《い》かして、「テンキュー！（Thank you）」とくりかえし、ディポート室《しつ》をあとにしました。

機内《きない》に預《あず》けた荷物《にもつ》を回収《かいしゅう》して、早足《はやあし》で向《む》かった税関《ぜいかん》で、次《つぎ》なる問題《もんだい》が起《お》こります。

「チェック！　チェック！」

厳《きび》しい顔《かお》で税関《ぜいかん》の職員《しょくいん》が言《い》いました。私《わたし》たちの預《あず》けた荷物《にもつ》から異臭《いしゅう》がします。お母《かあ》さんが旅《たび》のあいだの食事《しょくじ》にと思《おも》って入《い》れたゆで卵《たまご》でした。持《も》ちこみ禁止《きんし》のものが入《はい》っているにちがいないと思《おも》われたのでしょう。お母《かあ》さんは、今度《こんど》こそ入国《にゅうこく》させてもらえないと思《おも》って、とうとう泣《な》き出《だ》してしまいました。

職員《しょくいん》の人《ひと》に言《い》われて荷物《にもつ》を開《あ》けると、案《あん》の定《じょう》、出《で》てきたのは腐《くさ》ったゆで卵《たまご》でした。職員《しょくいん》が何《なに》か言《い》おうとする前《まえ》に、お父《とう》さんは「荷物《にもつ》、全部《ぜんぶ》捨《す》てていきたい！」と言《い》いました。

すると、職員《しょくいん》は笑《わら》いながら、全部《ぜんぶ》の食《た》べものをチェックして、通《とお》っていいよと言《い》ったのです。腐《くさ》ったものを捨《す》てられていっても困《こま》ると思《おも》ったのでしょうか。うれしさのあまり、お父《とう》さんとお母《かあ》さんは、中《なか》にあったピスタチオの箱《はこ》を出《だ》して職員《しょくいん》のほうに差《さ》し出《だ》しましたが、彼《かれ》らは受《う》け取《と》りませんでした。ひとりが「ベビー、ベビー」と言《い》って、口《くち》に入《い》れる手《て》ぶりをしました。私《わたし》たち子《こ》どもにあげるようにと言《い》ってくれたのです。

ようやくすべての手続《てつづ》きを終《お》えたのは、成田《なりた》に着陸《ちゃくりく》してから、じつに約《やく》6時間《じかん》もすぎた正午《しょうご》でした。

ふしぎの国《くに》ニッポン

成田空港《なりたくうこう》はとても広《ひろ》くて、あんなに長《なが》いエスカレーターを見《み》たのははじめてでしたし、立《た》ち並《なら》ぶお店《みせ》はバザール（市場《いちば》）のようでした。

腐《くさ》ったゆで卵《たまご》とパンはあとで処分《しょぶん》し、カバンには臭《にお》い消《け》しとして持《も》っていた香水《こうすい》をふりかけたそうですが、瓶《びん》の半分《はんぶん》もかけたとのことで、その匂《にお》いが好《す》きだったお父《とう》さんは、それっきり嫌《きら》いになってしまったと言《い》っていました。

そして空港《くうこう》を出《で》た私《わたし》たちは、最終目的地《さいしゅうもくてきち》――日本《にほん》で住《す》むことになっているアパートがあるH市《し》へ向《む》かうことになったのです。

私《わたし》たちはバス停《てい》まで移動《いどう》しましたが、なにしろ8月《がつ》の日本《にほん》はとても暑《あつ》く、直射日光《ちょくしゃにっこう》のもとでバスを待《ま》つのはとてもつらいものでした。すると、バス会社《がいしゃ》の人《ひと》が、りんごジュースを1本《ぽん》買《か》ってきて私《わたし》たちに渡《わた》してくれたのでした。もちろん私《わたし》たちはうれしくて、「テンキュー！　テンキュー！」とお礼《れい》を言《い》い、みんなで小《ちい》さなビンに入《はい》ったジュースを分《わ》けあって飲《の》みました。

でも、なんだかふしぎです。

そういえば、「おしん」や「水戸黄門《みとこうもん》」で見《み》たような着物《きもの》をだれも着《き》ていないだけではありません。イランでは、女性《じょせい》は人前《ひとまえ》に出《で》るときかならずスカーフを巻《ま》きます。それなのに、ここではひとりもスカーフをつけていません。スカーフを巻《ま》くのが当《あ》たり前《まえ》の世界《せかい》から来《き》た私《わたし》にとって、スカーフをせずに街《まち》を歩《ある》くというのは、まるで水着《みずぎ》で街中《まちなか》を歩《ある》くような恥《は》ずかしさを感《かん》じることでした。それに、季節《きせつ》が夏《なつ》だったこともあり、女性《じょせい》もみんな袖《そで》の短《みじか》い洋服《ようふく》を着《き》ていました。イランでは想像《そうぞう》できなかったことだったので、私《わたし》たちはそうした人《ひと》たちをジロジロ見《み》ながら、

「お母《かあ》さん、どうしてみんなスカーフをしてないの？　いいの？」

と聞《き》きました。

「日本人《にほんじん》には神様《かみさま》はいないから、私《わたし》たちみたいな格好《かっこう》はしないのよ」

お母《かあ》さんは私《わたし》に言《い》いましたが、そう言《い》ったお母《かあ》さんもスカーフにマント（からだのラインが隠《かく》れるように女性《じょせい》が着《き》る服《ふく》をマントと呼《よ》びます）を着《き》ていたので、私《わたし》たちも道行《みちゆ》く日本人《にほんじん》からジロジロと見《み》られていたのでした。

でも、よく考《かんが》えてみれば、「おしん」のお母《かあ》さんもスカーフをしていなかったような。それに、ちょんまげ頭《あたま》の人《ひと》はだれもいないうえ、「水戸黄門《みとこうもん》」ではみんなペルシャ語《ご》で会話《かいわ》をしていたのに、ここではだれの言葉《ことば》も理解《りかい》できないのです。

当時《とうじ》の私《わたし》は、ペルシャ語《ご》とトルク語《ご》（イランのタブリズ地方《ちほう》で使《つか》われる言葉《ことば》）は流暢《りゅうちょう》にしゃべれましたが、どちらも日本《にほん》ではまったく通用《つうよう》しないのだと気《き》づいたとき、絶望的《ぜつぼうてき》な不安《ふあん》が私《わたし》に襲《おそ》いかかってきたのでした。

見慣《みな》れないエスカレーターやエレベーター、建物《たてもの》は大《おお》きい。人《ひと》もいっぱい。しかも会話《かいわ》はまったく通《つう》じない。私《わたし》たち家族《かぞく》だけが、ポツンと取《と》り残《のこ》されているような気持《きも》ちでした。

次《つぎ》の衝撃《しょうげき》は、バスに乗《の》ると同時《どうじ》にやってきました。イランのバスは、入《い》り口《ぐち》も座《すわ》る席《せき》も男女《だんじょ》別々《べつべつ》なのに、日本《にほん》では同《おな》じ空間《くうかん》に男女《だんじょ》が座《すわ》っているので驚《おどろ》きました。さらに、イランではバスの運転手《うんてんしゅ》はほとんど男《おとこ》の人《ひと》なのに、突然女《とつぜんおんな》の人《ひと》の声《こえ》でアナウンスがはじまったので、私《わたし》と弟《おとうと》たちは、

「ええ?! バスがしゃべってるよ!!」

と、さわぎだしました。

さらなる衝撃《しょうげき》は、バスの中《なか》にあるボタンが、ときどき赤《あか》く光《ひか》ることでした。

「光《ひか》ってるー!!」

「なんで光《ひか》ってるのー?!」

と、またまた大《おお》さわぎです。見《み》ているうちに、ボタンを押《お》すと光《ひか》ることがわかったので、私《わたし》と上《うえ》の弟《おとうと》は、ボタンが光《ひか》らなくなった瞬間《しゅんかん》をねらって押《お》しては、ずっと眺《なが》めていました。すると、お父《とう》さんが、

「ああっ……押《お》しちゃだめだよ！ 運転手《うんてんしゅ》さんに『次《つぎ》で降《お》りますから停《と》まってください』って合《あい》図《ず》のボタンなんだから、降《お》りないのに押《お》したらだめ!!」

と言《い》いました。

「お父《とう》さん、私《わたし》たちはどこで降《お》りるの？　そのとき押《お》すから教《おし》えて！」

私《わたし》はお父《とう》さんにそう言《い》ったのですが、弟《おとうと》も考《かんが》えることは同《おな》じで、どっちがボタンを押《お》すかをめぐってケンカがはじまりました。そうこうしているうちに、お父《とう》さんがパッとボタンを押《お》して、

「よし、降《お》りるぞ。荷物《にもつ》を持《も》ちなさい。ほら！　発車《はっしゃ》しちゃうじゃないか、急《いそ》いで！」

と言《い》ったのですが、私《わたし》と弟《おとうと》は、どうして自分《じぶん》たちにボタンを押《お》させてくれなかったのかと怒《おこ》って大声《おおごえ》を出《だ》しました。でも、お父《とう》さんとお母《かあ》さんはまるで私《わたし》たちを無視《むし》し、急《いそ》いで荷物《にもつ》を持《も》ち、早《はや》く降《お》りるように言《い》いました。

無事《ぶじ》にバスから降《お》りて、あたりを見回《みまわ》すと、そこには一転《いってん》した風景《ふうけい》が広《ひろ》がっていました。交通《こうつう》量《りょう》の多《おお》い、細《ほそ》い道路沿《どうろぞ》いに、バス停《てい》の看板《かんばん》と小《ちい》さなベンチが置《お》いてあるだけの、さびれた場所《ばしょ》でした。成田空港《なりたくうこう》で見《み》たあの長《なが》い長《なが》いエスカレーターがまるで夢《ゆめ》だったかのようで、そのちがいに私《わたし》たちはまたびっくりしました。

ジャングルで暮《く》らすの?!

「この近《ちか》くにアパートがあるはずなんだけど……」

お父《とう》さんが言《い》うので、みんなでキョロキョロしていると、むこうからイラン人《じん》らしき男《おとこ》の人《ひと》が、とても驚《おどろ》いた顔《かお》をして歩《ある》いてきました。

「まさか、あなたたちはイラン人《じん》か?」

男《おとこ》の人《ひと》がペルシャ語《ご》でお父《とう》さんに尋《たず》ねると、私《わたし》たちは久《ひさ》しぶりに聞《き》くペルシャ語《ご》に大喜《おおよろこ》びし、

「そうです！　きょう成田空港《なりたくうこう》に着《つ》いたんです。失礼《しつれい》ですが、Eというアパートをご存《ぞん》じですか?　メモによると、このバス停《てい》を降《お》りたあたりにあるはずなのですが……」

お父《とう》さんが言《い》うと、

「Eアパートならこの建物《たてもの》の裏《うら》にあるけど……まさか、この3人《にん》の子《こ》どもたちも一緒《いっしょ》にイランから連《つ》れて来《き》たのか?　家族《かぞく》みんなで?!」

子《こ》ども連《づ》れの家族《かぞく》5人《にん》で日本《にほん》に来《き》たイラン人《じん》をはじめて見《み》たということで、その人《ひと》はとっても驚《おどろ》いていたのでした。

ドキドキしながら歩《ある》いていくと、景色《けしき》が一変《いっぺん》しました。木々《きぎ》が生《お》い茂《しげ》った山《やま》がたくさんあって、まるでジャングルです。イランは乾燥地帯《かんそうちたい》で、山《やま》といえば茶色《ちゃいろ》ばかりです。私《わたし》たちにとって、緑《みどり》

の山々《やまやま》とはジャングルのイメージそのものでした。日本《にほん》に来《き》て、ジャングルに囲《かこ》まれて暮《く》らすなんて考《かんが》えてもみませんでした。

畑《はたけ》と小《ちい》さな公園《こうえん》の向《む》かいにある、2階建《かいだ》ての古《ふる》い木造《もくぞう》アパートがEアパートでした。バス停《てい》で会《あ》ったイラン人《じん》のおじさんもそこに住《す》むひとりで、ひとまず自分《じぶん》の部屋《へや》に私《わたし》たちを招《まね》き入《い》れて、少《すこ》し休《やす》ませてくれました。

しかし、だからといって大歓迎《だいかんげい》という雰囲気《ふんいき》でもありませんでした。「イラン人《じん》がたくさんいるから、助《たす》けてくれるはず」と日本帰《にほんがえ》りの夫婦《ふうふ》は言《い》っていましたが、そううまくはいきませんでした。最大《さいだい》の問題《もんだい》は、私《わたし》たち子《こ》どもだったのです。

「やばいぞ、子連《こづ》れの家族《かぞく》がアパートにやってきた！」

一瞬《いっしゅん》でうわさはアパートじゅうに広《ひろ》まり、イラン人《じん》たちが部屋《へや》に集《あつ》まってきました。

「あなたたち、働《はたら》きに来《き》たの？ 残念《ざんねん》だけど日本《にほん》の好景気《こうけいき》はもう終《お》わったんだ。仕事《しごと》なんかないから、早《はや》くイランに帰《かえ》ったほうがいいよ」

「どうして子《こ》どもなんて連《つ》れてきたんだ？ 遊《あそ》ぶ場所《ばしょ》じゃないんだぞ。目立《めだ》ってしょうがないじゃないか。警察《けいさつ》に見《み》つけられたらどうするんだ！」

みんな出稼《でかせ》ぎ目的《もくてき》で来日《らいにち》していたので、ビザの期限《きげん》をすぎている（超過滞在《ちょうかたいざい》＝オーバーステイといいます）ことが警察《けいさつ》に見《み》つかれば、強制送還《きょうせいそうかん》されるとおびえていたのです。私《わたし》たちが何《なに》かいたずらをしたり、目《め》につくことをして警察沙汰《けいさつざた》になったら困《こま》ると心配《しんぱい》したのでした。

「まあまあ、きょう日本《にほん》に着《つ》いたのに、そんなことを言《い》うなよ。子《こ》どもたちがかわいそうだろう」

バス停《てい》で出会《であ》ったおじさんが言《い》ってくれましたが、今度《こんど》は火《ひ》の粉《こ》がおじさんに飛《と》びました。

「どうせ親戚《しんせき》なんだろう！　こんなことをするなんて！」

「ちがうよ、子《こ》どもが3人《にん》もいてかわいそうだと思《おも》ったんだよ！」

来日《らいにち》したばかりの私《わたし》たちは、まだ3か月《げつ》の観光《かんこう》ビザの期限《きげん》がありましたが、早《はや》くも自分《じぶん》たちも超過滞在者《ちょうかたいざいしゃ》になったような気持《きも》ちでした。

その日《ひ》は、そのおじさんが友人《ゆうじん》の部屋《へや》に行《い》って、自分《じぶん》の部屋《へや》をそのまま私《わたし》たちに貸《か》してくれました。翌日《よくじつ》には私《わたし》たちは部屋《へや》を借《か》り、こうして私《わたし》たちの日本《にほん》での生活《せいかつ》がはじまったのでした。

コラム1

在留資格《ざいりゅうしかく》って？

「在留資格《ざいりゅうしかく》」、本文《ほんぶん》でもたびたび出《で》てきますが、あまり聞《き》いたことのない言葉《ことば》ですよね。

日本国籍《にほんこくせき》を持《も》っている人《ひと》にはあまり縁《えん》がありませんが、日本《にほん》に住《す》む（あるいは、住《す》もうとする）外国人《がいこくじん》にはとても重要《じゅうよう》な言葉《ことば》です。入国管理法《にゅうこくかんりほう》という法律《ほうりつ》で、この「在留資格《ざいりゅうしかく》」を持《も》たない外国人《がいこくじん》は日本国内《にほんこくない》にいてはいけない、と決《き》まっているからです。

本文《ほんぶん》でも出《で》てきたように「ビザ」とも呼《よ》ばれますが、正確《せいかく》にはビザと在留資格《ざいりゅうしかく》は別《べつ》です。外国人《がいこくじん》が日本《にほん》に来《く》るとき、その国《くに》にある日本大使館《にほんたいしかん》が「この人《ひと》を入国《にゅうこく》させてあげてね」と証明《しょうめい》する書類《しょるい》がビザ（査証《さしょう》）。それを受《う》けて、入国《にゅうこく》のさいに入国管理局《にゅうこくかんりきょく》が「これこれの条件《じょうけん》で、日本《にほん》に滞在《たいざい》していいですよ」と与《あた》える許可《きょか》が在留資格《ざいりゅうしかく》です。

在留資格《ざいりゅうしかく》は、入国後《にゅうこくご》にどんな仕事《しごと》や学業《がくぎょう》など（まとめて「活動《かつどう》」といいます）をするかで種類《しゅるい》がわかれていて、「留学《りゅうがく》」「技能実習《ぎのうじっしゅう》」「定住者《ていじゅうしゃ》」「永住者《えいじゅうしゃ》」「外交《がいこう》」など約《やく》30種類《しゅるい》（2019年《ねん》4月《がつ》現在《げんざい》）もあります。たとえば、「留学《りゅうがく》」の在留資格《ざいりゅうしかく》では料理人《りょうりにん》として働《はたら》くことはできません。料理人《りょうりにん》として働《はたら》くには「技能《ぎのう》」の在留資格《ざいりゅうしかく》が必要《ひつよう》になります。

在留資格《ざいりゅうしかく》には、在留期間《ざいりゅうきかん》という有効期限《ゆうこうきげん》があります。在留期間《ざいりゅうきかん》をすぎても国内《こくない》に滞在《たいざい》することを「超過滞在《ちょうかたいざい》（オーバーステイ）」と呼《よ》びます。法律上《ほうりつじょう》、超過滞在《ちょうかたいざい》の人《ひと》はすぐに出国《しゅっこく》しなければなりませんが、日本《にほん》で働《はたら》きつづけたい、家族《かぞく》や生活基盤《せいかつきばん》が日本《にほん》にあって帰《かえ》れない、帰《かえ》る費用《ひよう》がつくれない、といった事情《じじょう》で帰《かえ》れない人《ひと》もいます。

図１　日本に暮らす外国人（在留資格別）

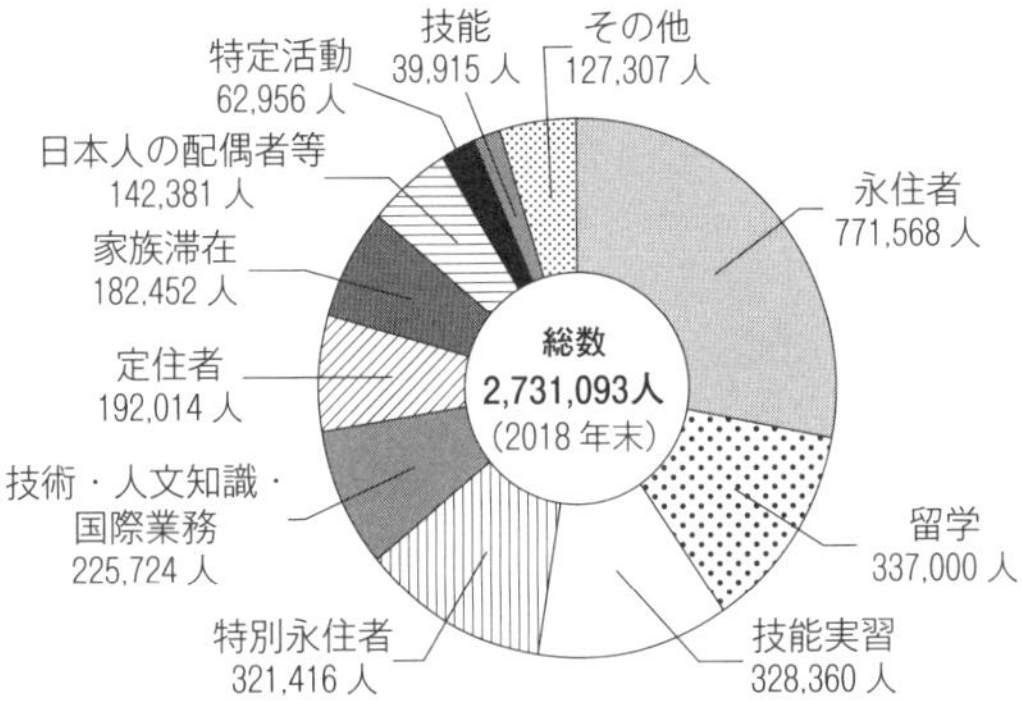

（出所）法務省入国管理局「平成30年末現在における在留外国人数について」2019年３月

在留資格《ざいりゅうしかく》がないことが発覚《はっかく》した場合《ばあい》、施設《しせつ》に収容《しゅうよう》され、その後《ご》強制送還《きょうせいそうかん》（退去強制《たいきょきょうせい》）されることになります。ただし例外《れいがい》として、法務大臣《ほうむだいじん》による在留特別許可《ざいりゅうとくべつきょか》を得《え》れば、新《あら》たな在留資格《ざいりゅうしかく》が交付《こうふ》されます。

　強制送還《きょうせいそうかん》される外国人《がいこくじん》は、１９９０年代《ねんだい》には毎年《まいとし》５万人前後《まんにんぜんご》もいましたが、最近《さいきん》は超過滞在者自体《ちょうかたいざいしゃじたい》が減《へ》ってきたこともあり、毎年《まいとし》１万人以下《まんにんいか》となっています。ただ、強制送還《きょうせいそうかん》によって家族《かぞく》が引《ひ》き裂《さ》かれたり、日本語《にほんご》しか話《はな》せない子《こ》どもが親《おや》の本国《ほんごく》に送還《そうかん》されてしまうなど、いまも多《おお》くの悲劇《ひげき》を生《う》んでいます。また、送還《そうかん》される前《まえ》の収容《しゅうよう》が何年《なんねん》もつづき、自由《じゆう》を奪《うば》われた生活《せいかつ》を強《し》いられることも大《おお》きな問題《もんだい》になっています。

第 2 章

想定外《そうていがい》！な日本《にほん》の暮《く》らし

「約束《やくそく》とちがう!」

アパートの契約《けいやく》を済《す》ませるとすぐ、私《わたし》たちは代々木公園《よよぎこうえん》へ向《む》かいました。当時《とうじ》の代々木公園《よよぎこうえん》と上野公園《うえのこうえん》にはイラン人《じん》たちがたくさん集《あつ》まり、「日本《にほん》のテヘラン」と呼《よ》ばれるほどだったそうです。そこに行《い》けば仕事《しごと》を紹介《しょうかい》してもらえると聞《き》いていたので、情報収集《じょうほうしゅうしゅう》のつもりで行《い》ったのでした。

でも、公園《こうえん》を一周《いっしゅう》してそのようすを見《み》たお父《とう》さんは、私《わたし》たちを連《つ》れてすぐにアパートに帰《かえ》りました。

「私《わたし》たちは日本《にほん》に犯罪《はんざい》をしに来《き》たわけではない。あそこでは、私《わたし》たちに合《あ》う仕事《しごと》は見《み》つからないよ」

当時《とうじ》、日本《にほん》にいたイラン人《じん》の中《なか》には、麻薬《まやく》の取引《とりひき》や偽造《ぎぞう》テレホンカードなどの犯罪《はんざい》に手《て》を染《そ》める人《ひと》がいました。公園《こうえん》でお父《とう》さんはそれに気《き》がつき、来《く》る場所《ばしょ》をまちがえたと思《おも》ったのです。

翌日《よくじつ》、住所《じゅうしょ》をたよりに、紹介《しょうかい》された工場《こうじょう》を訪《たず》ねていきました。ところが、私《わたし》たち家族《かぞく》を見《み》て、工《こう》場《じょう》の社長《しゃちょう》さんも、工場《こうじょう》にいた人《ひと》たちもみんなびっくりしています。

いまから考《かんが》えれば当然《とうぜん》ですよね。「日本語《にほんご》を話《はな》せる男性《だんせい》がひとり」と言《い》われていたのに、やってきたのは子連《こづ》れの一家《いっか》5人《にん》、おまけにだれも日本語《にほんご》を話《はな》せないんですから。あまりにみんなが驚《おどろ》いているので、結果《けっか》として嘘《うそ》をついてしまったことを、私《わたし》たちはとても恥《は》ずかしく思《おも》いました。

当然《とうぜん》ながら、社長《しゃちょう》さんは「約束《やくそく》とちがう。雇《やと》うことはできない」と言《い》いました。でも、ここまで来《き》てしまったからには、一度《いちど》断《ことわ》られたくらいでかんたんにあきらめるわけにはいきません。その翌日《よくじつ》も、朝《あさ》から家族《かぞく》みんなで工場《こうじょう》に通《かよ》い、どうか雇《やと》ってもらえないかとお願《ねが》いしました。

8月《がつ》の暑《あつ》い日《ひ》で、小《ちい》さいモハマはすごく汗《あせ》をかいていました。それを見《み》た工場《こうじょう》の社長《しゃちょう》さんは、タオルを持《も》ってきてくれました。そして、ついに根負《こんま》けしたのか、両親《りょうしん》を雇《やと》ってくれると言《い》ったのです。

消《き》えた日本《にほん》のバザール

こうして住《す》む場所《ばしょ》と働《はたら》く場所《ばしょ》が決《き》まり、日本《にほん》での生活《せいかつ》がはじまりました。

最初《さいしょ》から子《こ》どもだけで留守番《るすばん》させるのを心配《しんぱい》した両親《りょうしん》は、最初《さいしょ》の2週間《しゅうかん》くらいは、お母《かあ》さんだけが働《はたら》きにいくことにし、お父《とう》さんは家《いえ》で私《わたし》たちと一緒《いっしょ》にすごしてくれました。

部屋《へや》にいても退屈《たいくつ》なので、お父《とう》さんと私《わたし》たちで近所《きんじょ》を散歩《さんぽ》していると、偶然《ぐうぜん》に、とても大《おお》きなバザールを見《み》つけたのでした。犬《いぬ》だか熊《くま》だかのお面《めん》をした人《ひと》もいれば、太鼓《たいこ》をたたいている人《ひと》もいます。ドンチャンドンチャン、すごくにぎやかで、見物客《けんぶつきゃく》もおおぜいいるし、屋台《やたい》もたくさんあります。

「すごいね～‼　日本《にほん》のバザールって、にぎやかで楽《たの》しいね！　今度《こんど》はぜったい、お母《かあ》さんも連《つ》れてこよう！」

日本《にほん》に来《き》てからの緊張《きんちょう》もほぐれて、とても楽《たの》しい気持《きも》ちになった私《わたし》たちは、お母《かあ》さんがやっと休《やす》めた週末《しゅうまつ》、同《おな》じバザールに家族《かぞく》みんなで向《む》かいました。

ところが、前《まえ》のときはアパートから5分《ふん》ほど歩《ある》けばたどり着《つ》いたのに、行《い》けども行《い》けどもバザールは見《み》つかりません。人混《ひとご》みや屋台《やたい》の影《かげ》さえなく、ゴミひとつ落《お》ちていないのでした。

「バザールはどこへ消《き》えたんだ？」

「神隠《かみかく》しにでもあったのか？」

家《いえ》に帰《かえ》ってからも、とてもふしぎな体験《たいけん》をしたなあと思《おも》ったものでした。

それがバザールじゃなくて日本《にほん》のお祭《まつ》りだということは、その後《ご》1年《ねん》ほどたってから知《し》ったのでした。翌年《よくとし》の同《おな》じ日《ひ》、やっぱり同《おな》じ神社《じんじゃ》で、前《まえ》と同《おな》じようなにぎやかなお祭《まつ》りがひらかれているのに遭遇《そうぐう》したのです。

「ニコッ」と「ペコリ！」は生《い》きる知恵《ちえ》

これ以後《いご》、両親《りょうしん》は朝早《あさはや》くから夜遅《よるおそ》くまで、工場《こうじょう》で働《はたら》きづめになりました。私《わたし》と弟《おとうと》たちは、子《こ》どもも3人《にん》だけで両親《りょうしん》の帰《かえ》りを待《ま》つことになります。

「これからは、やりたいことや食《た》べたいものもぜんぶ自由《じゆう》なんだ！　ヤッター‼」

と、能天気《のうてんき》に考《かんが》えていた私《わたし》ですが、しばらくすると、たくさんの不安《ふあん》があることに気《き》がついてきました。

最初《さいしょ》の不安《ふあん》は言葉《ことば》でした。まわりにいる人《ひと》と言葉《ことば》が通《つう》じないと不安《ふあん》になるのは、だれでも一緒《いっしょ》でしょう。

イランのテレビで見《み》た「おしん」や「水戸黄門《みとこうもん》」とちがって、日本《にほん》ではペルシャ語《ご》が通《つう》じないということは私《わたし》もすぐ理解《りかい》しました。でも、言葉《ことば》が通《つう》じないときにどうすればいいのかは、さっぱりわかりませんでした。成田空港《なりたくうこう》で職員《しょくいん》とお父《とう》さんがやりとりしているのを見《み》ても、まったく内容《ないよう》がわからず怖《こわ》かったのを思《おも》い出《だ》しました。

もちろん日本語《にほんご》を勉強《べんきょう》すればいいのですが、そう思《おも》ってもすぐに覚《おぼ》えられるものではありません。ひらがな、カタカナ、漢字《かんじ》と三種類《しゅるい》もの文字《もじ》があることを知《し》ったのすら、日本《にほん》で暮《く》らしはじめて1年後《ねんご》くらいだったのではないでしょうか。

言葉《ことば》が通《つう》じない不安《ふあん》をカバーするために、私《わたし》たちが覚《おぼ》えたのは笑顔《えがお》とおじぎでした。アパートで人《ひと》に会《あ》ったらとりあえず、ニコッと笑顔《えがお》になること。そして、ペコリ！とおじぎをすること。トイレやお風呂《ふろ》のとき、すれちがうアパートのほかの住人《じゅうにん》に、これだけはくりかえしやっていました。そうすると相手《あいて》も笑顔《えがお》になってくれたので、言葉《ことば》が通《つう》じない不安《ふあん》が少《すこ》しは和《やわ》らいだのです。

この「ニコッ」と「ペコリ！」は、アパートの外《そと》で知《し》らない人《ひと》に会《あ》うときも、私《わたし》たちが反射的《はんしゃてき》にするコミュニケーションの方法《ほうほう》になりました。

そして最大《さいだい》の不安《ふあん》は、やはり超過滞在《ちょうかたいざい》（オーバーステイ）に対《たい》するものでした。アパートに着《つ》いてすぐ、「子《こ》どもが近所《きんじょ》にいることで、何《なに》かあって警察《けいさつ》が来《き》たりすれば、自分《じぶん》たちの超過滞在《ちょうかたいざい》がばれてしまう」と、私《わたし》たちが住《す》むことに反対《はんたい》されたので、迷惑《めいわく》をかけないようにしなくちゃ……と一所懸命《いっしょけんめい》でした。そして、イラン人《じん》の住民《じゅうみん》とはなるべくかかわらないようにしよう、とも思《おも》ったのです。

（万一何《まんいちなに》かをしてしまったり、警察《けいさつ》の目《め》についてアパートに来《こ》られるなんてことにならないように、なるべく子《こ》どもだけで外《そと》に出《で》るのはやめよう。……でも、アパートの前《まえ》の公園《こうえん》までなら行《い》って遊《あそ》んでもいいかなぁ……）

自分《じぶん》たちが重大《じゅうだい》な犯罪者《はんざいしゃ》のように感《かん》じていた私《わたし》は、そうやって自分《じぶん》たちに許《ゆる》される行動範囲《こうどうはんい》を、頭《あたま》の中《なか》であれこれと考《かんが》えていました。

子《こ》どもだけの毎日《まいにち》

「じゃあ、ちゃんと弟《おとうと》たちのめんどうを見《み》るんだよ」

お父《とう》さんとお母《かあ》さんは私《わたし》にそう言《い》うと、二人一緒《ふたりいっしょ》に9時前《じまえ》に出勤《しゅっきん》します。正午《しょうご》になると二人《ふたり》は一度家《いちどいえ》に帰《かえ》ってきて、ご飯《はん》をつくって一緒《いっしょ》に食《た》べました。

食事《しょくじ》が終《お》わると、またすぐに家《いえ》を出《で》るのですが、まだ小《ちい》さいモハマは、お母《かあ》さんと離《はな》れるのをいやがって大声《おおごえ》で泣《な》きました。それでも工場《こうじょう》に連《つ》れていくことはできないので、お母《かあ》さんも泣《な》きながら、モハマを振《ふ》り切《き》って出《で》て行《い》くのでした。

そんなとき、アパートにあったふすまが役《やく》に立《た》ちました。モハマは、背伸《せの》びをしてドアノブをつかめば、なんとかドアを開《あ》けられるようになっていましたが、イランになかったふすまは開《あ》けられなかったのです。お父《とう》さんたちが出《で》かけるとき、玄関《げんかん》と部屋《へや》のあいだを仕切《しき》るふすまを閉《し》めていくと、モハマは泣《な》きながらドンドンとふすまをたたきました。残《のこ》された私《わたし》と上《うえ》の弟《おとうと》は、モハマの気《き》をちらそうとあやしました。そして、ふすまの開《あ》け方《かた》がモハマにわからないように、いつもこっそりと開《あ》けました。

その後《ご》、両親《りょうしん》は話《はな》しあって、モハマがさびしがらないように、お母《かあ》さんは工場《こうじょう》でお昼《ひる》を食《た》べることになりました。お父《とう》さんだけが家《いえ》に帰《かえ》ってご飯《はん》をつくり、私《わたし》たちと一緒《いっしょ》に食《た》べて、お母《かあ》さんの分《ぶん》をお弁当《べんとう》にして持《も》っていくことにしたのです。

それでもモハマがあまりに泣《な》くので、私《わたし》はどうにか泣《な》きやんでもらうために、人目《ひとめ》につかないよう、だれもいないのを窓《まど》から見《み》はからって、向《む》かいの公園《こうえん》で遊《あそ》ぶことにしました。その公園《こうえん》にはすべり台《だい》とブランコ、鉄棒《てつぼう》と栗《くり》の木《き》があったのですが、鉄棒《てつぼう》の使《つか》い方《かた》がわからなかったので、ただ触《さわ》ったりぶら下《さ》がったりして気《き》をまぎらわせていました。

弟《おとうと》たちがはぐれて問題《もんだい》を起《お》こさないように、私《わたし》たちはつねに3人一緒《にんいっしょ》にいました。私《わたし》たち自身《じしん》は人目《ひとめ》を避《さ》けているつもりでしたが、外国人《がいこくじん》の3人《にん》きょうだいは、近所《きんじょ》でもかなり目立《めだ》っていたようです。

ベイビーおじさんの襲来《しゅうらい》

アパートに住《す》みはじめたころ、こんなこともありました。

となりの部屋《へや》に住《す》んでいる日本人《にほんじん》のおじさんが、とても機嫌《きげん》よさそうに、私《わたし》たちに何《なに》かを言《い》ってきました。何《なに》を言《い》っているのかさっぱりわからなかったのですが、お母《かあ》さんはおじさんのようすを見《み》て、大《だい》パニックを起《お》こしました。

「大変《たいへん》、見《み》ちゃだめ！　隠《かく》れて！　お父《とう》さん大変《たいへん》、酔《よ》っぱらいよ！　みんな早《はや》く逃《に》げてー！」

何《なに》を言《い》っているかわからないのに、お母《かあ》さんはそのおじさんをとても怖《こわ》がっていました。でも、目《め》の前《まえ》にいる上機嫌《じょうきげん》のおじさんに対《たい》して、私《わたし》たちきょうだいは、条件反射的《じょうけんはんしゃてき》に「ニコッ」「ペコリ！」と笑顔《えがお》でおじぎをしてしまったのです。

すると、おじさんはいっそう機嫌《きげん》がよくなったのか、笑《わら》いだしました。そのようすから、怒《おこ》っているわけではないことはなんとなくわかりました。

大《おお》きくなってから知《し》ったのですが、お母《かあ》さんは酔《よ》っぱらいに怖《こわ》いイメージをもっていて、暴力《ぼうりょく》をふるわれるのではないかと恐《おそ》れていたようです。昔《むかし》、イランでもお酒《さけ》を飲《の》むことが違法《いほう》ではなかった時代《じだい》があり、そのころに酔《よ》っぱらってケンカをする人《ひと》たちを見《み》て、お母《かあ》さんは酔《よ》っぱらいが怖《こわ》くなったのでした。酔《よ》っぱらいにもいろいろな種類《しゅるい》があり、笑《わら》う人《ひと》や寝《ね》る人《ひと》、泣《な》く人《ひと》がいるなんてことも、日本《にほん》に来《く》るまで私《わたし》たちは全然《ぜんぜん》知《し》らなかったのでした。

その後《ご》、私《わたし》たちが廊下《ろうか》でそのおじさんに会《あ》うたび、おじさんはいつも酔《よ》っていて、毎回私《まいかいわたし》たちに何《なに》かを言《い》っては立《た》ち去《さ》りました。そして、私《わたし》たちはいつも通《どお》りの「ニコッ」「ペコリ！」で対応《たいおう》しました。

しかし、ある日《ひ》の夜《よる》、とうとうおじさんは私《わたし》たちの部屋《へや》のドアをドンドンたたきながら、大声《おおごえ》で何《なに》かを言《い》ってきたのでした。お父《とう》さんとお母《かあ》さんは目《め》を見合《みあ》わせて、お父《とう》さんが恐《おそ》る恐《おそ》るドアを少《すこ》し開《あ》けてのぞこうとしたとき、おじさんは「へーイ、へーイ」と言《い》いながら、ドアを勢《いきお》いよく引《ひ》いて、わが家《や》の玄関《げんかん》に入《はい》ったのです。外《そと》ならまだしも、狭《せま》い家《いえ》の中《なか》では逃《に》げようもなく、静《しず》かな日本《にほん》で大声《おおごえ》を出《だ》している人《ひと》ははじめてだったので、ほんとうに怖《こわ》くなりました。

おじさんは「べイビー、べイビー」と、いつものように上機嫌《じょうきげん》で言《い》い、手《て》に持《も》っていた袋《ふくろ》からコーラのペットボトルを取《と》り出《だ》して、お父《とう》さんに差《さ》し出《だ》したのでした。お母《かあ》さんはあっけにとられていましたが、私《わたし》たちきょうだいはコーラを見《み》て大喜《おおよろこ》びし、おじぎと笑顔《えがお》をくりかえして、お礼《れい》の気持《きも》ちを表現《ひょうげん》しました。

これを機《き》に、おじさんは別《べつ》の日《ひ》にも家《いえ》のドアをドンドンたたき、「べイビー、べイビー」と言《い》ってまたジュースをくれるようになりました。おじさんとの関係《かんけい》のはじまりはホラー映画《えいが》のようでしたが、その親切《しんせつ》はその後《ご》もつづきました。

アパートのお隣《となり》さんたちはたぶん、日中《にっちゅう》子《こ》どもだけでいる私《わたし》たちを気《き》にかけて、ときどきお菓《か》子《し》やジュースを買《か》ってきてくれたのです。

アパートに住《す》んで少《すこ》したつと、ほかのイラン人住民《じんじゅうみん》の反応《はんのう》も変《か》わってきました。

ある人《ひと》が、私《わたし》たち子《こ》どものことが気《き》になってようすを見《み》に来《き》たところ、私《わたし》に「家《いえ》からは出《で》ないので、ドアは開《あ》けません！」

と、ピシャリと言《い》われたらしいのです。それで、

「あの子《こ》はとてもしっかりしている。弟《おとうと》たちのこともちゃんとめんどう見《み》ているようだ。警察沙汰《けいさつざた》になるようなことは、起《お》こさないんじゃないか」

と思《おも》われるようになっていったそうです。

イラン人《じん》の中《なか》には、家族《かぞく》を国《くに》に残《のこ》してきた人《ひと》や、幼《おさな》いきょうだいがいた人《ひと》たちも多《おお》くいました。そんな人《ひと》たちは、私《わたし》たちきょうだいにその面影《おもかげ》を見《み》てか、食事《しょくじ》に連《つ》れていってくれたり、絵本《えほん》を買《か》ってくれたりと、とてもかわいがってくれました。

少《すこ》しずつ生活《せいかつ》に慣《な》れると私《わたし》たちの行動範囲《こうどうはんい》も広《ひろ》がり、人《ひと》がいる時間《じかん》でも、向《む》かいの公園《こうえん》で遊《あそ》ぶようになりました。日本人《にほんじん》の子《こ》どもたちとも、言葉《ことば》はわからないながら遊《あそ》べるようになりました。そして、その子《こ》たちのお母《かあ》さんが、自分《じぶん》の子《こ》どものおやつのほかに、私《わたし》たちきょうだいの分《ぶん》も用意《ようい》してくれることがありました。まだ「ありがとう」という言葉《ことば》すら知《し》らなかった私《わたし》たちは、「テンキユーベリマッチ」と、知《し》っているわずかな英語《えいご》でお礼《れい》を言《い》いました。

「おうし　にく　どれですか?」

いまさらですが、言葉《ことば》が通《つう》じないという状況《じょうきょう》が、いったいどれだけ不便《ふべん》か想像《そうぞう》できるでしょうか。わが家《や》の場合《ばあい》、不便《ふべん》はまず買《か》いもののときに起《お》こりました。

イスラム教徒《きょうと》は豚肉《ぶたにく》を食《た》べてはいけないことになっています。なので、スーパーなどで買《か》いものするときも、まちがって豚肉《ぶたにく》を買《か》わないように気《き》をつけなくてはいけません。

お父《とう》さん「おうし　にく　どれですか?」
店員《てんいん》さん「全部《ぜんぶ》です」
お父《とう》さん（???　どう見《み》ても、鶏肉《とりにく》っぽいものも混《ま》じっているじゃないか）
混乱《こんらん》するお父《とう》さんですが、気《き》を取《と》りなおして聞《き》きます。
お父《とう》さん「OK、チキン、どれですか?」
店員《てんいん》さん「こちらです」
最初《さいしょ》に、全部《ぜんぶ》「おうしにく」だと言《い》った中《なか》の一部《いちぶ》をさす店員《てんいん》さんに、お父《とう》さんは悩《なや》みました。

(さっき牛《うし》って指《さ》した中《なか》に鶏肉《とりにく》があるじゃないか。牛《うし》なのか鶏《にわとり》なのか、どっちなんだ……?)

お父《とう》さんは心《こころ》の中《なか》で思《おも》いながら、もう一度《いちど》聞《き》くことにしました。

お父《とう》さん「おうし　にく　どれですか?」

店員《てんいん》さん「全部《ぜんぶ》です」

自分《じぶん》の言《い》いたいことが通《つう》じていないようだと確信《かくしん》したお父《とう》さんは、悩《なや》んだすえ、

「も――――」

と、頭《あたま》の上《うえ》に指《ゆび》でツノをつくり、牛《うし》の鳴《な》きまねをしました。

それでようやく店員《てんいん》さんに意味《いみ》が伝《つた》わり、無事《ぶじ》に牛肉《ぎゅうにく》を買《か》うことができたのです。

いま考《かんが》えれば、店員《てんいん》さんには「おいしい肉《にく》　どれですか?」と聞《き》こえていたのだと思《おも》います。たしかに、「おいしい肉《にく》」と聞《き》かれたら「全部《ぜんぶ》ですよ!」と答《こた》えますよね。

ほかにも、食《た》べものにまつわる不便《ふべん》や失敗《しっぱい》はたくさんありました。ヤギのチーズだと思《おも》って買《か》ったらお豆腐《とうふ》だったことや、イランで食《た》べていた薄《うす》いナンだと思《おも》ったものがイカのすり身《み》だったことも。かずかずの食《た》べもの系《けい》の失敗《しっぱい》の落胆《らくたん》は大《おお》きかったです。

でも、こういう失敗《しっぱい》は、がっかりしたり悲《かな》しかったりするのは自分《じぶん》たちだけで、家族以外《かぞくいがい》は傷《きず》

つかないからいいのです。文化《ぶんか》のちがいによるトラブルは、これにとどまりませんでした。

日本《にほん》ではなんでも捨《す》ててある？

まちがいその一《いち》は、買《か》いものをすませてみんなで歩《ある》いて帰《かえ》るときに起《お》こったのでした。ある家《いえ》の玄関先《げんかんさき》に、きれいな模様《もよう》が入《はい》った食器《しょっき》が数《すう》セット並《なら》んでいたのです。そういえば、日本帰《にほんがえ》りのあの夫婦《ふうふ》も、「日本《にほん》では壊《こわ》れていないものも捨《す》ててある」と言《い》っていたっけ。ということは？

「このかわいい食器《しょっき》も捨《す》てられているの？　きれいな状態《じょうたい》なのに、もったいない」

「荷物《にもつ》も少《すく》ないし、みんなで手分《てわ》けすれば持《も》って帰《かえ》れるね。うれしいな」

そう言《い》って持《も》ち帰《かえ》った翌日《よくじつ》、お父《とう》さんが同《おな》じアパートのイラン人《じん》に、

「ふちに模様《もよう》があって、とってもきれいな食器《しょっき》だよ。日本《にほん》ではなんでも捨《す》ててあるって聞《き》いたけど、きれいな食器《しょっき》まで捨《す》ててあるとは思《おも》わなかったなぁ。いやあ驚《おどろ》いた」

と話《はな》すと、

「ええっ！　拾《ひろ》って帰《かえ》ってきちゃったの？　それはちがうんだよ、出前《でまえ》を取《と》ったあと、洗《あら》って家《いえ》

の前《まえ》に置《お》いておくとお店《みせ》の人《ひと》が回収《かいしゅう》してくれるシステムなんだ。だから、捨《す》ててあるわけじゃないんだ！」

そう教《おし》えてもらい、お父《とう》さんはあわててその食器《しょっき》を戻《もど》しに行《い》きました。

まちがいその二《に》は自転車《じてんしゃ》でした。またしても、アパート近《ちか》くの家《いえ》の前《まえ》に、子《こ》ども用《よう》の小《ち》さな自《じ》転車《てんしゃ》が置《お》いてあるではありませんか。その家《いえ》の玄関《げんかん》と、となりのゴミ捨《す》て場《ば》のあいだの壁《かべ》に立《た》てかけてあるのです。

イランでは、自転車《じてんしゃ》やローラースケート、おもちゃでもなんでも、自分《じぶん》の持《も》ちものは外《そと》から見《み》えないように、かならず家《いえ》の敷地内《しきちない》に保管《ほかん》します。たまに盗《ぬす》んでいく人《ひと》がいるからです。玄関《げんかん》の外《そと》に置《お》くものといえば、それこそゴミだけです。

なので、この自転車《じてんしゃ》も外《そと》にあるんだから、捨《す》てるものなんだと思《おも》ってしまったのです。

（なんて豊《ゆた》かな国《くに》なんだ……）

と、早《はや》とちりした私《わたし》は、その自転車《じてんしゃ》に乗《の》って家《いえ》に帰《かえ》りました。

その数日後《すうじつご》。公園《こうえん》で弟《おとうと》たちと自転車遊《じてんしゃあそ》びをしていると、知《し》らないおじさんが驚《おどろ》いた顔《かお》をして、私《わたし》と自転車《じてんしゃ》を交互《こうご》に指差《ゆびさ》してきたのです。何《なに》かと思《おも》っていたら、おじさんはこちらに近《ちか》づいてきて、キョトンとした私《わたし》たちに、自転車《じてんしゃ》を指差《ゆびさ》し、「ノー！」と言《い》ったのでした。

おじさんは笑《わら》いながら、自分《じぶん》の子《こ》どもと自転車《じてんしゃ》を指差《ゆびさ》しました。日本語《にほんご》のわからない私《わたし》も、ようやく気《き》がついて、同時《どうじ》に血《ち》の気《け》が引《ひ》きました。その自転車《じてんしゃ》は捨《す》ててあったのではなかったと理《り》解《かい》したのです。

「ソーリー、ソーリー！」

私《わたし》は必死《ひっし》におじぎをして、謝《あやま》っていることを伝《つた》えました。おじさんはまた笑《わら》って、子《こ》どもと自《じ》転車《てんしゃ》と一緒《いっしょ》に帰《かえ》っていきました。

その夜《よる》、私《わたし》は両親《りょうしん》にそのことを話《はな》して、一緒《いっしょ》に謝《あやま》りに行《い》きました。おじさんとその奥《おく》さんは、笑《わら》いながらなでひたすら頭《あたま》を下《さ》げて「ソーリー」と伝《つた》えたのでした。自転車《じてんしゃ》を指差《ゆびさ》し、家族《かぞく》みん私《わたし》の頭《あたま》をなでてくれたので、許《ゆる》してくれているんじゃないかと思《おも》えました。

こんなふうに、言葉《ことば》や文化《ぶんか》のちがいは不便《ふべん》なだけでなく、人《ひと》を傷《きず》つけてしまうこともあるんです。もしかすると、自転車《じてんしゃ》の持《も》ち主《ぬし》の子《こ》は、「自転車《じてんしゃ》をどこに忘《わす》れてきたの！」と怒《おこ》られていたかもしれないと思《おも》うと、ほんとうに申《もう》しわけなくなります。

テレビ先生《せんせい》がやってきた！

こんなふうに、日本語《にほんご》ができない不便《ふべん》に悩《なや》まされながらも、得意《とくい》の「ニコッ」「ペコリ！」と身《み》ぶり手《て》ぶりの試行錯誤《しこうさくご》をくりかえし、なんとか日本《にほん》での生活《せいかつ》に慣《な》れていきました。そしてある日《ひ》、わが家《や》に革命《かくめい》をもたらす、あるものがやってきたのです。

それはテレビです。ラッキーなことに、イランに帰国《きこく》する人《ひと》がくれたのでした。子《こ》どもだけですごす日中《にっちゅう》、テレビがあればだいぶ退屈《たいくつ》がまぎれます。

もちろん、話《はな》されている言葉《ことば》はまったくわかりません。上《うえ》の弟《おとうと》は、日本製《にほんせい》のテレビだから日本《にほん》語《ご》しかしゃべらないのだと思《おも》って、

「今度《こんど》はイラン製《せい》のテレビをもらってきてよー」

と、ぼやきました。

それでも、テレビが消《き》えているよりはついているほうがいいので、私《わたし》たちはつけっぱなしにして、アニメなどをよく見《み》ていました。そうして毎日毎日《まいにちまいにち》くりかえし見《み》ているうちに、自然《しぜん》に日本《にほん》

語《ご》を覚《おぼ》え、公園《こうえん》で遊《あそ》んでいるほかの親子《おやこ》と話《はな》したりして、少《すこ》しずつ使《つか》える単語《たんご》をふやしていったのです。

日本製《にほんせい》のテレビ先生《せんせい》が来《き》たことと、子《こ》どもならではの吸収力《きゅうしゅうりょく》の早《はや》さが合《あ》わさり、私《わたし》たちきょうだいはその後《ご》、なんと半年《はんとし》ほどでそれなりに日本語《にほんご》を話《はな》せるようになったのです（と、お母《かあ》さんたちは言《い》っています）。私《わたし》たちが見《み》ていたのはおもにNHKの番組《ばんぐみ》だったので、私《わたし》たちが覚《おぼ》えた日本《にほん》語《ご》はとてもていねいだったと思《おも》います。一方《いっぽう》、お母《かあ》さんとお父《とう》さんは働《はたら》いてばかりで、テレビなんて見《み》る暇《ひま》もなかったので、その後《ご》も長《なが》いこと日本語《にほんご》が話《はな》せませんでした。

子《こ》ども3人《にん》だけの生活《せいかつ》は、だれにも干渉《かんしょう》されず、好《す》きなだけ遊《あそ》べるので楽《たの》しい反面《はんめん》、台風《たいふう》や嵐《あらし》の日《ひ》などは、外《そと》で遊《あそ》べないので退屈《たいくつ》でした。イランではあまり雨《あめ》がふらず、台風《たいふう》や雷《かみなり》も経験《けいけん》したことがありません。そういう天気《てんき》のとき、3人《にん》だけで部屋《へや》ですごすのはとても不安《ふあん》でした。

しかも、アパートのとなりには大《おお》きなジャングル（に私《わたし》たちには見《み》えました）。外《そと》から聞《き》こえる雷雨《らいう》の音《おと》は、まるでライオンがジャングルの中《なか》から吠《ほ》えているように思《おも》えて、

「どうしよう……ライオンがいるっぽいよ……」

と、私《わたし》たちは怖《こわ》がりました。いくら郊外《こうがい》でも、日本《にほん》の街中《まちなか》にライオンなんているわけがないので

すが。

古《ふる》いアパートの窓《まど》ガラスが強風《きょうふう》で大《おお》きく揺《ゆ》れて割《わ》れそうになると、割《わ》れたすきまからライオンが入《はい》ってくるかもしれない……と、ますます不安《ふあん》はつのりました。そんなときは、テレビとラジカセの音量《おんりょう》を最大《さいだい》にして、雷雨《らいう》と窓《まど》ガラスが揺《ゆ》れる音《おと》に対抗《たいこう》させて気《き》をまぎらわせました。

迷子《まいご》になったモハマ

ある日《ひ》、いつものように3人《にん》で向《む》かいの公園《こうえん》で遊《あそ》んでいると、モハマが、

「僕《ぼく》、疲《つか》れたから家《いえ》に帰《かえ》る」

と言《い》いました。いつもなら私《わたし》も家《いえ》まで一緒《いっしょ》についていくのですが、そのときは遊《あそ》びに夢中《むちゅう》だったので、モハマはひとりで帰《かえ》りました。空《そら》が薄紫色《うすむらさきいろ》になったころ、私《わたし》と上《うえ》の弟《おとうと》も、遊《あそ》び疲《つか》れて家《いえ》に帰《かえ》りました。しかし、6畳一間《じょうひとま》のその部屋《へや》の中《なか》に、モハマはいなかったのです。

「モハマがいない！　探《さが》さないと！」

このころモハマはやっと2歳半《さいはん》くらいになったばかりです。私《わたし》たちは大《おお》あわてで、向《む》かいの公《こう》

園《えん》に走《はし》って戻《もど》りました。まだ公園《こうえん》のどこかで遊《あそ》んでいるんじゃないかと思《おも》ったのです。でも、モハマのすがたはどこにもありませんでした。

大声《おおごえ》でモハマの名前《なまえ》を叫《さけ》びながら、アパートのまわりや近所《きんじょ》を走《はし》りまわっていると、近所《きんじょ》の人《ひと》たちから「どうしたの？」と声《こえ》をかけられました。

「家《いえ》に帰《かえ》ったはずの弟《おとうと》がいないんです。探《さが》してるんですけど……見《み》つからないんです」

と、私《わたし》は半《はん》べそになりながら話《はな》しました。

日本《にほん》に来《き》たら私《わたし》がしっかりめんどうを見《み》ると約束《やくそく》したモハマが迷子《まいご》になってしまうなんて、どうしたらいいのかわかりません。泣《な》きながら探《さが》す私《わたし》に、たくさんの人《ひと》たちが、

「きっと見《み》つかるから泣《な》かないで」

と励《はげ》ましてくれました。

そんななか、一緒《いっしょ》に探《さが》してくれていたベイビーおじさんが、工場《こうじょう》からお父《とう》さんを呼《よ》んできてくれました。おじさんと二人《ふたり》で歩《ある》いてきたお父《とう》さんは、私《わたし》から事情《じじょう》を聞《き》くと、

「ほんとうに家《いえ》にはいないんだな？」

と言《い》って、自分《じぶん》でも部屋《へや》の中《なか》を確《たし》かめ、モハマがいないことを確認《かくにん》すると外《そと》へ探《さが》しに行《い》きました。

そのとき捜索団《そうさくだん》は、アパートにいた人《ひと》たちをはじめ総勢《そうぜい》20人《にん》くらいいたのではないでしょうか。

ベイビーおじさんが、

「疲《つか》れたって言《い》ってたんでしょ。だったら家《いえ》にいるはずじゃないかな」

と、私《わたし》たちの部屋《へや》に入《はい》っていきました。

家《いえ》の中《なか》は私《わたし》もお父《とう》さんも見《み》て、いないと言《い》っているのに、なんで信《しん》じてくれないんだろう……と思《おも》っていると、中《なか》から、

「いたぁー!! ベイビーちゃん、ここで寝《ね》てるじゃないの！」

という大声《おおごえ》が聞《き》こえてきました。急《いそ》いで部屋《へや》に行《い》くと、カーテンの裏《うら》で、窓《まど》に寄《よ》りかかってぐっすり眠《ねむ》っているモハマのすがたがありました。家《いえ》の中《なか》を確認《かくにん》したつもりでしたが、カーテンの裏《うら》までは見《み》ていなかったのです。

「カーテンに隠《かく》れて見《み》えなかっただけなんだ！ よかった～」

ベイビーおじさんも、ほかの人《ひと》も、ほっとして口《くち》ぐちに言《い》い、私《わたし》たちはその場《ば》にいたみんなにお礼《れい》を言《い》いました。

この事件《じけん》を機《き》に、近所《きんじょ》にいる多《おお》くの人《ひと》たちが、私《わたし》たちきょうだいのことを気《き》にかけてくれてい

ることを実感《じっかん》して、両親《りょうしん》は安心《あんしん》したようです。

テレビ先生《せんせい》の次《つぎ》は、ゆいちゃんのおばちゃん先生《せんせい》！

来日《らいにち》して半年《はんとし》ほどがすぎたころ、私《わたし》たち家族《かぞく》はＥアパートを出《で》て、工場《こうじょう》が借《か》りている長屋《ながや》に引《ひ》っ越《こ》すことになりました。そこに住《す》んでいたイラン人夫婦《じんふうふ》が帰国《きこく》することになり、かわりに住《す》むことになったのです。この引《ひ》っ越《こ》しは、私《わたし》の人生《じんせい》にとても大《おお》きな影響《えいきょう》をおよぼす出会《であ》いのきっかけにもなったのでした。

それは、新《あたら》しく友《とも》だちになった近所《きんじょ》の女《おんな》の子《こ》、ゆいちゃんとの出会《であ》いでした。ゆいちゃんは私《わたし》より四《よっ》つ年下《としした》で、近《ちか》くの保育園《ほいくえん》に通《かよ》っていました。よく一緒《いっしょ》に遊《あそ》び、お家《うち》にもおじゃまさせてもらったりと、ご両親《りょうしん》も私《わたし》たちをかわいがってくれました。ゆいちゃんが保育園《ほいくえん》に行《い》っているあいだも私《わたし》は、毎日《まいにち》ゆいちゃんの家《いえ》に行《い》って、おばちゃんにたくさんのことを教《おそ》わりました。おばちゃんは折《お》り紙《がみ》やあやとりなど、なんでも教《おし》えてくれました。梅干《うめぼ》しや海苔《のり》も、おばちゃんにもらったのがきっかけで食《た》べられるようになりました。

「すごくすっぱいけどおいしいよー。食《た》べてごらん。からだにもいいんだよ」

それ以来《いらい》、私《わたし》たちは毎朝《まいあさ》ゆいちゃんの家《いえ》に行《い》って、

「おばちゃん、梅干《うめぼ》しちょうだい！」

と言《い》って、梅干《うめぼ》しや海苔《のり》をもらって食《た》べました。

そして、なかでもいちばんうれしかったことと言えば、日本語《にほんご》のひらがなとカタカナを教《おし》えてくれたことでした。毎日《まいにち》、三《みっ》つとか五《いつ》つのひらがなをノートに書《か》いてくれて、私《わたし》はそれをまねて書《か》いて覚《おぼ》えました。「ね」と「れ」など、まぎらわしいひらがなは、3ページにわたって書《か》きつづけることもありました。「る」と「ろ」、「め」と「ぬ」なんかも、まぎらわしいですよね。

午前中《ごぜんちゅう》、おばちゃんが洗濯物《せんたくもの》を干《ほ》しているときは、それが終《お》わるまで待《ま》ちながら、近《ちか》くにある自転車《じてんしゃ》なんかに貼《は》ってある「使用上《しようじょう》の注意《ちゅうい》」などのラベルに目《め》が行《い》きます。そこに書《か》かれている漢字《かんじ》と漢字《かんじ》のあいだのひらがなが、気《き》になってしかたがないのでした。まだ読《よ》めないその文字《もじ》を、あと何日《なんにち》たったら教《おし》えてもらえるのかな……と考《かんが》えてばかりいました。

「おばちゃん、早《はや》くこの字《じ》が読《よ》めるようになりたい」

私《わたし》が言《い》うと、おばちゃんは、

「ん〜、この字《じ》はまだまだ先《さき》かな」とか、

「お？　この字《じ》は来週《らいしゅう》くらいに教《おし》えてあげるよ」

などと言《い》ってくれました。私《わたし》はその文字《もじ》を勉強《べんきょう》する日《ひ》が来《く》ることを、すごく楽《たの》しみにしていました。

「外国人《がいこくじん》とは遊《あそ》んじゃだめよ」

ここまで私《わたし》の体験談《たいけんだん》を読《よ》んでくれた方《かた》は、

「ナディさんはよかったですね。まわりが親切《しんせつ》な人《ひと》ばかりで」

と感《かん》じたかもしれません。でも、もちろん、そんないい話《はなし》ばかりではありません。どこにでもいるような意地悪《いじわる》ばあさんやいじめっ子《こ》も、私《わたし》のまわりにちゃんといました。


日本語《にほんご》がだいぶ話《はな》せるようになると、公園《こうえん》での遊《あそ》び相手《あいて》も、年下《としした》の子《こ》ではなく同年代《どうねんだい》の子《こ》になってきました。公園《こうえん》で小学校《しょうがっこう》中学年《ちゅうがくねん》くらいの、みわちゃんという女《おんな》の子《こ》と仲良《なかよ》くなったある日《ひ》のことでした。みわちゃんのおばあちゃんの家《いえ》の近《ちか》くを二人《ふたり》で歩《ある》いていると、おばあちゃんは家《いえ》の

中《なか》から、

「外国人《がいこくじん》と遊《あそ》んじゃだめよ！」

と、大声《おおごえ》でみわちゃんに怒《おこ》ったのでした。もちろん、私《わたし》の目《め》の前《まえ》でです。

すると今度《こんど》は、みわちゃんがおばあちゃんに、

「外国人《がいこくじん》だっておんなじ人間《にんげん》じゃん！　おばあちゃんヘンだよ〜!!」

と言《い》い、口論《こうろん》になってしまいました。

イランにいたころ、おばあちゃん子《こ》だった私《わたし》は、二人《ふたり》の関係《かんけい》が壊《こわ》れるのを心配《しんぱい》して、

「みわちゃん、おばあちゃんにそんなふうに言《い》うのはやめよう。大丈夫《だいじょうぶ》だよ、私帰《わたしかえ》る」

と言《い》って、家《いえ》に帰《かえ》りました。

自分《じぶん》と遊《あそ》ぶのが悪《わる》いことだと友《とも》だちが怒《おこ》られるなんて、はじめての経験《けいけん》で、ほんとうに悲《かな》しかったです。外国人《がいこくじん》だから、知《し》らないうちに何《なに》か悪《わる》いことをしてしまったのかな……とか、通《とお》り過《す》ぎる人《ひと》たちにも、ほんとうは「外国人《がいこくじん》だから悪《わる》いやつ」と思《おも》われてるのかなあ……などと、帰《かえ》り道《みち》にもんもんと考《かんが》えました。

ほかにも、公園《こうえん》で仲良《なかよ》く遊《あそ》んでいた女《おんな》の子《こ》に、

「外国人《がいこくじん》の子《こ》と遊《あそ》んだら親《おや》に怒《おこ》られるから、仲良《なかよ》くしていることは内緒《ないしょ》ね！」と、直接言《ちょくせつい》われたこともあります。本人《ほんにん》には悪気《わるぎ》はなかったのかもしれませんが、いい気持《きも》ちはしませんでした。

お母《かあ》さん、いじめっ子《こ》の家《いえ》に乗《の》りこむ！

もっと悪質《あくしつ》ないじめっ子《こ》もいました。中学生《ちゅうがくせい》か小学校高学年《しょうがっこうこうがくねん》くらいの男《おとこ》の子《こ》たちでした。口《くち》で攻撃《こうげき》するだけではなく、私《わたし》たちの家《いえ》の玄関《げんかん》から、石《いし》やゴミを投《な》げ入《い》れたりもしてきたのです。

みわちゃんのおばあちゃんや友《とも》だちに言《い》われたことを、私《わたし》はお母《かあ》さんには言《い》えませんでした。きっと悲《かな》しい気持《きも》ちにさせてしまうし、心配《しんぱい》すると思《おも》ったからです。両親《りょうしん》は外《そと》で一所懸命仕事《いっしょけんめいしごと》をしているのだから、迷惑《めいわく》をかけちゃいけないと考《かんが》えていたのです。

だから、ゴミを投《な》げ入《い》れられたことも最初《さいしょ》は言《い》えませんでした。でも、それが毎日毎日《まいにちまいにち》つづいたので、とうとうお母《かあ》さんに打《う》ち明《あ》けたのです。すると、お母《かあ》さんはすごく怒《おこ》って、なんとその中《なか》のひとりの家《いえ》に、怒鳴《どな》りこみに行《い》くというのです。

「お母《かあ》さんはあまり日本語《にほんご》が話《はな》せないから恥《は》ずかしいし、そのことでよけいにいじめられたらどうするの？」

私《わたし》はとてもいやがりました。しかし、母《はは》は強《つよ》いのです。言葉《ことば》の得手不得手《えてふえて》なんか関係《かんけい》ありません。どうやって家《いえ》を突《つ》きとめたのかはわかりませんが、仕事《しごと》が終《お》わったあとの夜《よる》、通訳《つうやく》として私《わたし》を引《ひ》き連《つ》れ、お母《かあ》さんはその子《こ》の家《いえ》に乗《の》りこんだのでした。

母《はは》「ペサレ　ショマ、アシカル　ミンダゼ　べ　フネイェ　マ！　ベグ!!」（おたくの息子《むすこ》が、うちにゴミを投《な》げ入《い》れてくるのです！　言《い》いなさい!!）

私《わたし》「あの、遅《おそ》い時間《じかん》に申《もう》しわけありません……。そちらにいらっしゃる息子《むすこ》さんが、私《わたし》たちの家《いえ》のドアを開《あ》けてゴミを投《な》げ入《い》れてくるので困《こま》っています。やめさせていただけませんか」

恥《は》ずかしい気持《きも》ちでいっぱいでしたが、逃《に》げ出《だ》すこともできず、失礼《しつれい》にならないように、お母《かあ》さんが実際《じっさい》に言《い》ったのよりも最大限《さいだいげん》にていねいな言《い》い方《かた》で、なんとか翻訳《ほんやく》して伝《つた》えました。

すると、驚《おどろ》いたことに、その家《いえ》のお父《とう》さんが顔色《かおいろ》を変《か》えて、息子《むすこ》の首《くび》もとをつかみ、

「おまえ、そんなことしてたのか！　バカヤロウ!!　謝《あやま》れ!!」

と、怒鳴《どな》りつけたのです。

その子《こ》が謝《あやま》ったあとは、今度《こんど》はお父《とう》さんがていねいに謝《あやま》ってくださり、さらには、ほかのいじめっ子《こ》たちの家《いえ》を一軒一軒《いっけんいっけん》、一緒《いっしょ》に回《まわ》ってくれて、その子《こ》たちをすごく叱《しか》ってくれたのでした。

「次《つぎ》にこの子《こ》たちをいじめたら、おじさんが許《ゆる》さないからな」

と、おじさんはみんなに強《つよ》く言《い》ってくれました。

こんなことがあったのにもかかわらず、じつはそれ以来《いらい》、そのおじさんの子《こ》どもたちとはとても仲良《なかよ》くなって、たくさん一緒《いっしょ》に遊《あそ》びました。「外国人《がいこくじん》だから」ではなく、悪《わる》いことを悪《わる》いとおじさんが言《い》ってくれたおかげだと思《おも》います。

コラム2

日本《にほん》に定住《ていじゅう》する外国人《がいこくじん》

日本《にほん》に住《す》む外国人《がいこくじん》はどのくらいふえているのでしょうか。

政府《せいふ》の統計《とうけい》によれば、273万《まん》1093人《にん》（在留外国人統計《ざいりゅうがいこくじんとうけい》、2018年末《ねんまつ》）の外国人《がいこくじん》が日本国内《にほんこくない》にいることになっています。これは日本《にほん》の人口《じんこう》の約2％です。在留外国人《ざいりゅうがいこくじん》の数《かず》は80年代《ねんだい》からふえはじめ、景気《けいき》による増減《ぞうげん》もありながら、近年急激《きんねんきゅうげき》にふえて270万人《まんにん》を突破《とっぱ》しました。ただし、この数《かず》には外国籍《がいこくせき》を持《も》つ人《ひと》しか入《はい》っていません。帰化《きか》（日本国籍《にほんこくせき》を取得《しゅとく》すること）した人《ひと》や、両親《りょうしん》のどちらかが外国人《がいこくじん》で日本国籍《にほんこくせき》の子どもも含《ふく》めれば、およそ400万人《まんにん》が日本以外《にほんいがい》の国《くに》や地域《ちいき》にルーツをもっているといわれます。その中《なか》には、見《み》た目《め》が外国人《がいこくじん》ふうの人《ひと》もいれば、日本人《にほんじん》と変《か》わらない人《ひと》もいます。

戦前《せんぜん》、日本《にほん》の植民地《しょくみんち》だった朝鮮半島《ちょうせんはんとう》の出身《しゅっしん》の人《ひと》やその子孫《しそん》（在日韓国《ざいにちかんこく》・朝鮮人《ちょうせんじん》）も多《おお》く住《す》んでいます。彼《かれ》らは戦前《せんぜん》は日本人《にほんじん》としてあつかわれていましたが、戦後《せんご》は一転《いってん》して外国人《がいこくじん》とされました。長《なが》らく差別《さべつ》を受《う》けてきたことから、日本名《にほんめい》（通名《つうめい》）を使用《しよう》する人《ひと》も少《すく》なくありません。

これら朝鮮半島《ちょうせんはんとう》・中国大陸《ちゅうごくたいりく》や台湾出身《たいわんしゅっしん》で、戦前《せんぜん》から日本《にほん》に来《き》ていた人《ひと》を「オールドカマー」と

図2　日本で暮らす外国人の増加

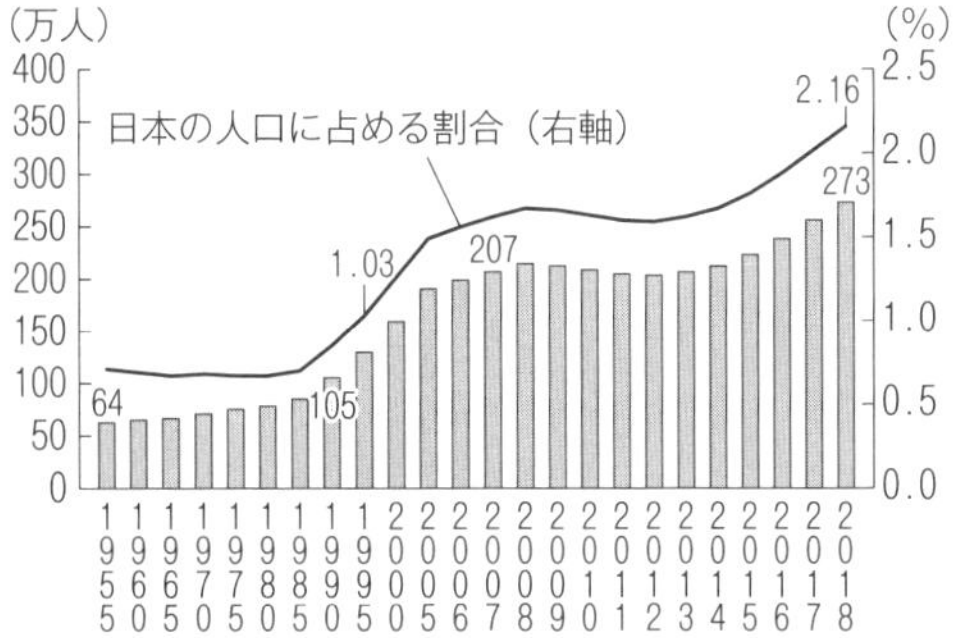

（注）1985年まで＝外国人登録者数
1990～2011年＝中長期在留者に該当しうる在留資格をもって在留する者＋特別永住者
2012年以降＝中長期在留者＋特別永住者
（出所）法務省「出入国在留管理基本計画」2019年４月

呼《よ》びます。戦後《せんご》ほどなくして日本《にほん》に駐留《ちゅうりゅう》したアメリカ軍《ぐん》の兵士《へいし》などと日本人女性《にほんじんじょせい》のあいだに生《う》まれた子《こ》ども（アメラジアン）も、沖縄《おきなわ》を中心《ちゅうしん》に存在《そんざい》しています。

一方《いっぽう》、日本《にほん》が経済成長《けいざいせいちょう》をとげた80年代以降《ねんだいいこう》にやってきた外国人《がいこくじん》を「ニューカマー」と呼《よ》びます。80年代前半《ねんだいぜんはん》にはフィリピン人女性《じんじょせい》、80年代後半以降《ねんだいこうはんいこう》はイラン・パキスタン・バングラデシュなどから、おもに単身《たんしん》の男性《だんせい》が労働《ろうどう》を目的《もくてき》に来日《らいにち》しました。働《はたら》くうちに家族《かぞく》ができたり、日本《にほん》に生活基盤《せいかつきばん》ができたりして、永住資格《えいじゅうしかく》の申請《しんせい》や帰化《きか》を選《えら》ぶ人《ひと》も出《で》てきました。

また、戦争《せんそう》や自分《じぶん》の国《くに》の政府《せいふ》による迫害《はくがい》をのがれて、難民《なんみん》として日本《にほん》にやってくる人《ひと》もいます。難民《なんみん》を受《う》け入《い》れるかどうかはそれぞれの国《くに》の政府《せいふ》が判断《はんだん》することになっていますが、日本《にほん》の難民受《なんみんう》け入《い》れ数《すう》は、ほかの先進国《せんしんこく》にくらべて少《すく》ないことから問題視《もんだいし》されています。2017年、日本政府《にほんせいふ》に難民《なんみん》としての認定《にんてい》を申請《しんせい》した人《ひと》はおよそ2万人《まんにん》。そのうち難民《なんみん》と認定《にんてい》されたのは20人《にん》でした。

第3章

うれしい、楽《たの》しい、でも困《こま》った学校生活《がっこうせいかつ》

「ちびまる子《こ》ちゃん」にあこがれて

そうして、いろいろな失敗《しっぱい》やトラブルもありながら、だんだんと私《わたし》たちきょうだいも日本語《にほんご》を覚《おぼ》え、地域《ちいき》の人《ひと》とも顔見知《かおみし》りになり、日本《にほん》での暮《く》らしに慣《な》れていきました。日本語《にほんご》が早《はや》く話《はな》せるようになったのも、近所《きんじょ》の人《ひと》たちに助《たす》けてもらったおかげが大《おお》きかったと思《おも》います。

ただ、まわりの人《ひと》の善意《ぜんい》だけではどうにもならないこともありました。その最大《さいだい》のものは、学《がっ》校《こう》に通《かよ》えないことです。

当初《とうしょ》、両親《りょうしん》の計画《けいかく》では、日本《にほん》で働《はたら》くのは2〜3年《ねん》で、借金《しゃっきん》を返《かえ》せるだけのお金《かね》を稼《かせ》いだらイランに帰《かえ》るつもりでいたと思《おも》います。私自身《わたしじしん》も、イランで想像《そうぞう》していた生活《せいかつ》とは大《おお》きくちがい、学《がっ》校《こう》にも通《かよ》えないと知《し》っていれば、日本《にほん》に来《く》るのをいやがったと思《おも》います。

1年《ねん》だけですが、小学校《しょうがっこう》をイランで経験《けいけん》した私《わたし》は、日本《にほん》での生活《せいかつ》がつづくうちに、「日本《にほん》の学校《がっこう》に行《い》って、もっと勉強《べんきょう》してみたい」という気持《きも》ちをふくらませていきました。

じつは、その背景《はいけい》には、テレビで見《み》たアニメ「ちびまる子《こ》ちゃん」の影響《えいきょう》もあったのでした。

主人公《しゅじんこう》のまるちゃんが、宿題《しゅくだい》の「サクブン」にすごく苦戦《くせん》して、「どうしよー。とほほ……」と困《こま》っているシーンを見《み》て、「サクブンってなんだろう？　なんでこの子《こ》は、こんなに苦《くる》しんでいるんだろう？」と疑問《ぎもん》に思《おも》い、とても興味《きょうみ》がわいたのでした。

まるちゃんの学校《がっこう》では男子《だんし》と女子《じょし》が同《おな》じクラスで勉強《べんきょう》していることにも驚《おどろ》きました。イランでは、大学生《だいがくせい》になるまで男女《だんじょ》は別々《べつべつ》の教室《きょうしつ》で学《まな》びます。「ちびまる子《こ》ちゃん」で男女《だんじょ》が同《おな》じ教室《きょうしつ》にいるのはアニメだからで、ファンタジーなんだと勝手《かって》に納得《なっとく》していましたが、「ほんとうはどんな教《きょう》室《しつ》なのかなあ」「私《わたし》も学校《がっこう》で勉強《べんきょう》してみたいなあ……」と、ずっと考《かんが》えていたのです。

日本語教室《にほんごきょうしつ》とスピーチコンテスト

そんな折《おり》、近《ちか》くのT市《し》の公共施設《こうきょうしせつ》で、ボランティアの日本語教室《にほんごきょうしつ》が開催《かいさい》されるという情報《じょうほう》をイラン人仲間《なかま》からもらいました。その教室《きょうしつ》は毎週土曜日《まいしゅうどようび》の夜《よる》に開《ひら》かれるということで、私《わたし》たち家族《かぞく》もそこへ行《い》くことに決《き》めたのでした。

実際《じっさい》に行《い》ってみると、そこで日本語《にほんご》を習《なら》っているのは大人《おとな》だけで、一緒《いっしょ》に来《き》た子《こ》どもたちは別《べつ》室《しつ》で折《お》り紙《がみ》やかるたで遊《あそ》んでいました。ですが、そこに来《き》ていた中国人《ちゅうごくじん》の子《こ》や、ボランティアの日本人《にほんじん》スタッフの子《こ》どもたちなど、たくさん友《とも》だちができたので、私《わたし》は毎週《まいしゅう》この教室《きょうしつ》に行《い》くのがとても楽《たの》しみでした。土曜日《どようび》、お父《とう》さんたちが工場《こうじょう》から帰《かえ》るのが少《すこ》しでも遅《おそ》くなろうものなら、すぐ機嫌《きげん》を悪《わる》くしたものでした。電車《でんしゃ》で向《む》かう途中《とちゅう》、駅名《えきめい》の下《した》に書《か》いてあるひらがなを読《よ》むのがとても楽《たの》しかったのを覚《おぼ》えています。

やがて、両親《りょうしん》と一緒《いっしょ》に教室《きょうしつ》に来《く》る子《こ》どもがふえてくると、その子《こ》たちのためにも教室《きょうしつ》が開《ひら》かれるようになりました。ほかの子《こ》と比《くら》べると、私《わたし》たちは日本語《にほんご》の日常会話《にちじょうかいわ》が問題《もんだい》なくできていたので、読《よ》み書《か》きや算数《さんすう》などを教《おし》えてもらいました。そして、私《わたし》たちはそこを「学校《がっこう》」と呼《よ》ぶようになりました。

この教室《きょうしつ》に通《かよ》うなかで、私《わたし》たち家族《かぞく》の人生《じんせい》を大《おお》きく変《か》えたできごとが起《お》こります。それは、教《きょう》室《しつ》の中《なか》で開催《かいさい》された日本語《にほんご》スピーチコンテストです。スピーチをしたい人《ひと》を募《つの》っていると聞《き》いて、お母《かあ》さんは私《わたし》に参加《さんか》するようにすすめたのでした。

「スピーチコンテストで、学校《がっこう》に通《かよ》って勉強《べんきょう》したいと言《い》ったら、もしかしたら学校《がっこう》に行《い》けるかもしれないよ？」

人前《ひとまえ》で話《はな》すのはとても恥《は》ずかしかったのですが、学校《がっこう》に通《かよ》えるようになるかもしれないのなら、やるしかないと思《おも》いました。

そのコンテストで自分《じぶん》がスピーチした内容《ないよう》は、「学校《がっこう》へ行《い》きたい」ということ以外《いがい》、ほとんど覚《おぼ》えていません。でも、そのときの会場《かいじょう》のようすは覚《おぼ》えています。当時《とうじ》の私《わたし》にはとても大《おお》きく感《かん》じられた部屋《へや》で、人《ひと》が多《おお》すぎたため、いすに座《すわ》りきれず立《た》ち見《み》の人《ひと》もいたくらいでした。私《わたし》は最年《さいねん》少《しょう》の参加者《さんかしゃ》だったこともあり、とても大《おお》きな拍手《はくしゅ》をもらい、特別賞《とくべつしょう》を受賞《じゅしょう》しました。

このとき以来《いらい》、日本語《にほんご》のスピーチコンテストがあるたびに私《わたし》は参加《さんか》しました。それが、「学校《がっこう》に行《い》きたい」とアピールできるチャンスだとわかったからです。

アム・モハンデスとの別《わか》れ

こうして私《わたし》が日本語教室《にほんごきょうしつ》に通《かよ》い、学校《がっこう》に通《かよ》いたいとあちこちでアピールする一方《いっぽう》で、両親《りょうしん》は毎《まい》日工場《にちこうじょう》で働《はたら》いていました。私《わたし》と同《おな》じく毎週日本語教室《まいしゅうにほんごきょうしつ》で勉強《べんきょう》したはずなのに、私《わたし》たちほど上達《じょうたつ》しなかったのは、年齢《ねんれい》のせいもあるでしょうが、仕事中《しごとちゅう》の会話《かいわ》が少《すく》なかったせいもあるのではと、いまでは思《おも》います。そのかわり、工場《こうじょう》の仕事《しごと》はどんどん覚《おぼ》えていきました。

当時《とうじ》、工場《こうじょう》の仕事《しごと》はとても忙《いそが》しく、両親《りょうしん》とも深夜《しんや》に帰《かえ》ってくる日《ひ》もありました。土曜《どよう》も出勤《しゅっきん》することもありましたが、日曜《にちよう》は基本的《きほんてき》に休《やす》みなので、あちこちに遊《あそ》びに連《つ》れていってもらいました。

そんなある日曜日《にちようび》、みんなで上野《うえの》のアメ横《よこ》に行《い》くことにしたのです。

「あの通《とお》りはとても混《こ》んでいるから、迷子《まいご》にならないようにね」

と言《い》われていたのに、私《わたし》はすぐに迷子《まいご》になりました。年末《ねんまつ》の人出《ひとで》が多《おお》い時期《じき》で、アメ横通《よこどお》りは人《ひと》でいっぱいです。あたりを見《み》ても知《し》らない人《ひと》ばかりで、両親《りょうしん》に見《み》つけてもらえるか不安《ふあん》になった私《わたし》は泣《な》きだしました。

そのとき、「ナディ」と呼《よ》ぶ声《こえ》がしたのです。振《ふ》り返《かえ》ると、そこにはお父《とう》さんのお兄《にい》さんのアム・モハンデスと、知《し》らないおじさんが二人《ふたり》で立《た》っていたのです。

「迷子《まいご》なんだろう？　お父《とう》さんのところに連《つ》れていってあげるから、こっちへおいで」

アム・モハンデスがそう言《い》うので、私《わたし》は後《うし》ろから走《はし》ってついていきました。少《すこ》し行《い》った横道《よこみち》に、お父《とう》さんたちが心配《しんぱい》そうに私《わたし》を探《さが》すすがたがありました。私《わたし》は足《あし》を早《はや》めて、お父《とう》さんたちのところに行《い》きました。

「アム・モハンデスがいたの！」

そう言《い》って、振《ふ》り返《かえ》って指《ゆび》をさしましたが、混雑《こんざつ》した人《ひと》の列《れつ》があるだけで、アム・モハンデスのすがたはもう見《み》えなかったのです。お父《とう》さんたちは、迷子《まいご》になった私《わたし》がさびしかったから適当《てきとう》なことを言《い》っているのだと思《おも》い、あまり真剣《しんけん》に聞《き》いてくれませんでした。

その少《すこ》しあと、お父《とう》さんはイランのアム・モハンデスの家《いえ》に電話《でんわ》しました。迷子《まいご》になった私《わたし》がアムに会《あ》ったと言《い》っていることも話《はな》そうと思《おも》ったようです。けれど、「いまは留守《るす》でいない」と言《い》われ、アムとは話《はな》せませんでした。

その後《ご》、何度国際電話《なんどこくさいでんわ》をかけてもアムと話《はな》せないことがつづき、両親《りょうしん》はけげんに思《おも》うようになりました。そうして、ある日《ひ》からお母《かあ》さんがひんぱんに泣《な》くようになったのです。お父《とう》さんが理《り》由《ゆう》を聞《き》いても、「遠《とお》い親戚《しんせき》のおじさんが亡《な》くなったと言《い》われて」と答《こた》えるだけでした。

「その泣《な》き方《かた》は、遠《とお》い親戚《しんせき》が亡《な》くなったという程度《ていど》の泣《な》き方《かた》じゃないだろう。ほんとうのことを言《い》ってくれ」

お母《かあ》さんのようすを疑《うたが》ったお父《とう》さんが言《い》いましたが、お母《かあ》さんは何《なに》も言《い》わず、お父《とう》さんはまたイランに電話《でんわ》をしました。電話口《でんわぐち》に向《む》かうお父《とう》さんの口調《くちょう》が、しだいに荒《あら》くなりました。

「いいから、早《はや》く兄《にい》さんに代《か》わってくれ！　なぜ代《か》わらないんだ！」

じつは、その3か月前《げつまえ》にアムは、親戚《しんせき》のおじさんのお葬式《そうしき》の帰《かえ》りに交通事故《こうつうじこ》にあって亡《な》くなっていたのでした。お父《とう》さんは、実《じつ》のお兄《にい》さんと親戚《しんせき》のおじさんを同時《どうじ》に亡《な》くしたことになります。

親戚《しんせき》たちは、私《わたし》たちに悲《かな》しい思《おも》いをさせたくないと思《おも》い、黙《だま》っていたのです。

ビザの期限《きげん》が切《き》れている私《わたし》たちは、一度日本《いちどにほん》を出国《しゅっこく》すると、次《つぎ》はいつ再入国《さいにゅうこく》できるかわかりません。借金《しゃっきん》を残《のこ》したまま、かんたんには帰《かえ》れないことを知《し》っていたので、親戚《しんせき》はだれもほんとうのことを言《い》わなかったのです。

「お葬式《そうしき》ももう済《す》んだのだから、帰《かえ》ってくる意味《いみ》はないんだ。そのまま日本《にほん》にいなさい」

親戚《しんせき》のみんなはお父《とう》さんを説得《せっとく》しました。お父《とう》さんは、あまりのショックにずっと泣《な》いていました。そんなに泣《な》くお父《とう》さんを見《み》るのははじめてのことで、私《わたし》もとても悲《かな》しくなりました。

近《ちか》くに住《す》むイラン人労働者《じんろうどうしゃ》で、お父《とう》さんと仲《なか》のよかったメフランさんという人《ひと》が、落《お》ちこんでいるお父《とう》さんのそばにずっといてくれました。社長《しゃちょう》さんも、このときは両親《りょうしん》に残業《ざんぎょう》をさせず、家《いえ》で休《やす》むように言《い》ってくれました。

お母《かあ》さんはすぐにお葬式《そうしき》の準備《じゅんび》をし、近所《きんじょ》のイラン人《じん》の人《ひと》たちを家《いえ》に呼《よ》んで、みんなでお祈《いの》りをしました。

これが日本《にほん》でのはじめてのお葬式《そうしき》だったのですが、その3年後《ねんご》、今度《こんど》はお母《かあ》さんのお父《とう》さん（私《わたし》のおじいさん）が亡《な》くなってしまいました。アム・モハンデスのときと同《おな》じように、親戚《しんせき》たちは、お母《かあ》さんが動揺《どうよう》してイランに帰《かえ》ってきてしまうのではないかと心配《しんぱい》して、すぐには知《し》らせませんでした。

受話器《じゅわき》を片手《かたて》に、声《こえ》を震《ふる》わせて自分《じぶん》のお父《とう》さんの名前《なまえ》を呼《よ》びながら泣《な》くお母《かあ》さんを見《み》るのは、私《わたし》にもとてもつらいことでした。私《わたし》にはおじいさんとの記憶《きおく》はあまりなかったので、もう少《すこ》し話《はなし》をしてみたかったと思《おも》いました。

身内《みうち》のお葬式《そうしき》に出席《しゅっせき》できず、いつお墓参《はかまい》りできるのかすらもわからないのは、ほんとうにつらいことです。子《こ》どもの私《わたし》でもそれを感《かん》じるくらいでしたから、両親《りょうしん》はもっとつらい思《おも》いをしたのだと思《おも》います。

それでも、両親《りょうしん》や親戚《しんせき》たちが、イランに戻《もど》るべきではないと考《かんが》えたのは、私《わたし》たちきょうだいが日本語《にほんご》を覚《おぼ》えはじめ、もしかしたら日本《にほん》の学校《がっこう》で教育《きょういく》を受《う》けられるようになるかもしれないとの期待《きたい》をもっていたからだと思《おも》います。

イランの親戚《しんせき》たちが、私《わたし》たちが日本《にほん》で暮《く》らしつづけるように、両親《りょうしん》のたいせつな人《ひと》が亡《な》くなってしまったときにもすぐに伝《つた》えなかったということが、私《わたし》には大《おお》きなプレッシャーになりました。(もっとがんばって勉強《べんきょう》して、お父《とう》さんとお母《かあ》さんを喜《よろこ》ばせなくちゃ。そうしないと、二人《ふたり》は日《に》本《ほん》で幸《しあわ》せになるきっかけすらもてないかもしれない……)

私《わたし》はそう考《かんが》えて、家《いえ》にいるときはなるべく文字《もじ》の勉強《べんきょう》をしたり、ひとりで家《いえ》の掃除《そうじ》をすませてみたりしました。

このとき両親《りょうしん》が、たくさんの悲《かな》しいことがあってもなお、私《わたし》たちの教育《きょういく》を大事《だいじ》に思《おも》い、日本《にほん》にとどまってくれたことを、私《わたし》たちは一生感謝《いっしょうかんしゃ》しなければいけないと思《おも》います。

学校《がっこう》に行《い》ける?!

そうして、アム・モハンデスが亡《な》くなった半年後《はんとしご》の1994年《ねん》5月《がつ》、とうとう私《わたし》の願《ねが》いはかなったのでした。

私《わたし》のスピーチを聞《き》いたHさんという人《ひと》が、私《わたし》たちが住《す》んでいたH市《し》で、さまざまな人《ひと》に話《はなし》をして、ビザがなくても学校《がっこう》へ通《かよ》える道《みち》はないかと探《さが》してくれたのでした。そのなかで、市役所《しやくしょ》に勤《つと》めていたOさんという人《ひと》に私《わたし》たちのことを紹介《しょうかい》してくれて、さまざまな努力《どりょく》をしてくれた結果《けっか》、私《わたし》たちは公立《こうりつ》の学校《がっこう》に通《かよ》えることになったのです。

私《わたし》にスピーチをするよう焚《た》き付《つ》けたのはお母《かあ》さんでしたが、いざ学校《がっこう》に行《い》けるということがわかると、不安《ふあん》がわいてきたようでした。私《わたし》たちが学校《がっこう》に通《かよ》うということは、もともと3年《ねん》で帰《かえ》るつもりだった計画《けいかく》に反《はん》して、このまま超過滞在《ちょうかたいざい》をつづけることを意味《いみ》します。

悩《なや》んだお母《かあ》さんは、イランにいるお兄《にい》さん、ダイ・マジード(「ダイ」は母方《ははかた》のおじさんをさします)にも相談《そうだん》しました。お母《かあ》さんがとても信頼《しんらい》しているダイ・マジードは、ためらうことなく、日《に》本《ほん》に残《のこ》るようにお母《かあ》さんに言《い》ったのでした。

「イランでの教育《きょういく》の内容《ないよう》は、おまえもよく知《し》っているだろう。だったら迷《まよ》うことはないはずだ。日本《にほん》の教室《きょうしつ》では、男女一緒《だんじょいっしょ》に座《すわ》って勉強《べんきょう》をしてるんだろう? そこからはじまって、日本《にほん》の教育《きょういく》はすべてのことが平等《びょうどう》だと聞《き》く。そのほうが子《こ》どもたちのためにもなる。チャンスがあるのなら、逃《のが》したらだめだ。子《こ》どもたちのために、がんばって日本《にほん》に残《のこ》って教育《きょういく》を受《う》けさせなさい。私《わたし》たちとは、いつかまた会《あ》えるさ」

ダイ・マジードにそうアドバイスされ、お母《かあ》さんは日本《にほん》に滞在《たいざい》をつづけることを決意《けつい》したのでした。

小学校《しょうがっこう》に入学《にゅうがく》した日《ひ》

5月《がつ》2日《か》から学校《がっこう》に通《かよ》うことになり、その前《まえ》の土曜日《どようび》に、担任《たんにん》になる予定《よてい》の先生《せんせい》が家《いえ》まであいさつに来《き》てくれました。入学《にゅうがく》してすぐ迎《むか》える運動会《うんどうかい》のことも説明《せつめい》し、そこで必要《ひつよう》になるクッキーの缶《かん》も、特別《とくべつ》に先生《せんせい》が用意《ようい》してくださっていました。先生《せんせい》の気遣《きづか》いがとってもうれしかったです。

5月《がつ》2日《か》の朝《あさ》、私《わたし》たち家族《かぞく》は市役所《しやくしょ》に向《む》かいました。そこでまず、お父《とう》さんとお母《かあ》さんは外国人登録証明書《がいこくじんとうろくしょうめいしょ》を作《つく》りました。これは、日本《にほん》に3か月以上滞在《げついじょうたいざい》する外国人《がいこくじん》が持《も》つことを義務《ぎむ》づけられたカードです。そこには在留資格《ざいりゅうしかく》を示《しめ》す欄《らん》がありますが、滞在期限《たいざいきげん》を超過《ちょうか》している私《わたし》たちのカードには「在留資格《ざいりゅうしかく》なし」と記入《きにゅう》されました（*）。

＊…この当時《とうじ》は、現在《げんざい》ほど厳《きび》しい取《と》り締《し》まりはされていなかったので、「在留資格《ざいりゅうしかく》なし」と市役所《しやくしょ》や入管《にゅうかん》に把握《はあく》されても、すぐに強制送還《きょうせいそうかん》はされず、働《はたら》きつづけることができていました。

そして、支援《しえん》してくれたOさんも一緒《いっしょ》にパーテーションで仕切《しき》られた部屋《へや》に通《とお》されると、そこにやってきた男《おとこ》の人《ひと》が、いくつかの質問《しつもん》を私《わたし》たちにしました。

「学校《がっこう》へ通《かよ》いたいですか？」

「勉強《べんきょう》は嫌《きら》いじゃない？」

「宿題《しゅくだい》もあるけど、忘《わす》れちゃだめだよ？」

などといった内容《ないよう》です。私《わたし》と上《うえ》の弟《おとうと》はとても緊張《きんちょう》してモジモジしていましたが、恥《は》ずかしさをこらえて、「楽《たの》しみです」と、その人《ひと》に言《い》いました。

お父《とう》さんがいくつかの書類《しょるい》に記入《きにゅう》をすませると、モハマが通《かよ》うことになる保育園《ほいくえん》にまず向《む》かいました。

モハマは5歳《さい》なので、年長組《ねんちょうぐみ》のひとつ下《した》の教室《きょうしつ》に入《はい》ることになりました。教室《きょうしつ》に入《はい》ろうとすると、モハマの名前《なまえ》を呼《よ》ぶ声《こえ》がします。驚《おどろ》いて見《み》ると、そこにはモハマの公園友《こうえんとも》だちのすがたがありました。モハマは喜《よろこ》んで、走《はし》って中《なか》に入《はい》っていきました。それまで緊張《きんちょう》していた私《わたし》たちも、緊《きん》張《ちょう》の糸《いと》がぷつりと切れて、笑《わら》いだしてしまいました。

「ほら、みんなで記念《きねん》に写真《しゃしん》を撮《と》りましょう！　ちょっとだけ戻《もど》っておいで」

Oさんが言《い》い、みんなで写真《しゃしん》を撮《と》ると、今度《こんど》は私《わたし》と上《うえ》の弟《おとうと》が通《かよ》うことになる小学校《しょうがっこう》へと向《む》かいました。

じつは、この小学校《しょうがっこう》に行《い》くのははじめてではありませんでした。学校《がっこう》に通《かよ》えるとわかってから、とても楽《たの》しみで居《い》ても立《た》ってもいられず、下見《したみ》に行《い》ったことがあったのです。

学校《がっこう》に到着《とうちゃく》すると、来客用《らいきゃくよう》の緑色《みどりいろ》のスリッパを履《は》いて、私《わたし》たちは校長室《こうちょうしつ》へと案内《あんない》されました。

そこで、どの学年《がくねん》に入《はい》るか、通学《つうがく》コースはどうするかなどを話《はな》しあいました。

「ランドセルは……ああ、そのリュックで来《く》るの？」

と、先生《せんせい》が言《い》いました。日本《にほん》で学校《がっこう》に行《い》けることが決《き》まったお祝《いわ》いに、イランのダイ・マジードが、リュックなど学校《がっこう》で使《つか》う道具《どうぐ》を送《おく》ってくれたのでした。

「学年《がくねん》は……お姉《ねえ》ちゃんは10歳《さい》だから4年生《ねんせい》か。弟《おとうと》くんは9歳《さい》だから3年生《ねんせい》」

「いや、お姉《ねえ》ちゃんは、ひらがなとカタカナ、算数《さんすう》は小《ちい》さい桁《けた》の足《た》し算《ざん》・引《ひ》き算《ざん》までしかできません。弟《おとうと》のほうは就学前《しゅうがくまえ》に日本《にほん》に来《き》たので、学校《がっこう》の勉強《べんきょう》はまだしていません」

「そうですか……では、ひと学年《がくねん》ずつ下《さ》げましょう」

と、校長先生《こうちょうせんせい》がOさんと話《はな》しあい、つづいて私《わたし》たちの担任《たんにん》になる先生《せんせい》を呼《よ》びました。

「お姉《ねえ》ちゃんは3年《ねん》3組《くみ》。弟《おとうと》くんは2年《ねん》3組《くみ》」

と、それぞれの教室《きょうしつ》と先生《せんせい》を紹介《しょうかい》されて、私《わたし》たちはいざ念願《ねんがん》の学校生活《がっこうせいかつ》をはじめるため、教室《きょうしつ》に向《む》かったのでした。

夢《ゆめ》の教室《きょうしつ》と謎《なぞ》の呪文《じゅもん》

大人用《おとなよう》のブカブカのスリッパを履《は》いて、ドキドキしながら階段《かいだん》を上《のぼ》ると、長《なが》い廊下《ろうか》があり、「3年《ねん》3組《くみ》」という札《ふだ》がドアの上《うえ》にぶらさがっていました。先生《せんせい》が教室《きょうしつ》のドアを開《あ》けると、たくさんの子《こ》どもが座《すわ》っています。そのとき、いきなり中《なか》から、

「ナディー!!」

という声《こえ》が聞《き》こえてきたのでした。なんと、公園《こうえん》でよく一緒《いっしょ》に遊《あそ》んでいた友《とも》だちが、何人《なんにん》もそのクラスにいたのです。

「なんだ～、転校生《てんこうせい》ってナディだったのか！」

ゆきちゃんが言《い》いました。

でも私《わたし》はなぜか、すぐに自分《じぶん》とみんなのちがいに目《め》がいってしまいました。みんな上履《うわば》きを履《は》いているのに自分《じぶん》だけ緑色《みどりいろ》のスリッパなこと、奥《おく》の棚《たな》に並《なら》んだ、黒《くろ》と赤《あか》で統一《とういつ》されたランドセル……。私《わたし》はなんだかとても恥《は》ずかしくなりました。

先生《せんせい》に自己紹介《じこしょうかい》するように言《い》われて、下《した》を向《む》きながら、

「きょうから学校《がっこう》に通《かよ》うことになりました、ナディです。よろしくお願《ねが》いします」

と、あいさつをしました。そして、先生《せんせい》に教《おし》えられた席《せき》に着《つ》きました。

たしか、そのときのとなりの席《せき》は女《おんな》の子《こ》だったと思《おも》いますが、男女《だんじょ》が並《なら》んだ席《せき》もあったので、

（ほんとうに男女一緒《だんじょいっしょ》なんだ！　ぜんぜんイランとちがう！）

と、ひとりで心《こころ》の中《なか》で驚《おどろ》いていました。

席《せき》に着《つ》くとすぐに先生《せんせい》が、黒板《こくばん》に3桁《けた》のかけ算《ざん》の筆算《ひっさん》の式《しき》を書《か》きました。

「じゃあ、みんなで解《と》いてみましょう」

私《わたし》にはわけのわからないまま、みんなは声《こえ》を合《あ》わせて何《なに》かを言《い》い、先生《せんせい》はそれに合《あ》わせて黒板《こくばん》にいくつも数字《すうじ》を書《か》いていきます。私《わたし》にとっては謎《なぞ》の呪文《じゅもん》のように思《おも》えました。

どうやら終《お》わったと思《おも》われたころに先生《せんせい》は、

「はい、3桁《けた》のかけ算《ざん》でした」

と言《い》いました。

正直《しょうじき》、まだ2桁《けた》の足《た》し算《ざん》・引《ひ》き算《ざん》も怪《あや》しかった私《わたし》は、そのときはじめて目《め》が覚《さ》めたような気《き》がしました。そして、怖《こわ》くなったのです。

(どうしよう……みんなすごくすすんでる。私《わたし》はあんな計算《けいさん》、ぜんぜん知《し》らないや……。みんな私《わたし》よりひとつ年下《としした》なのに、すらすらわかるんだ……)

学校《がっこう》に行《い》くことは、ほんとうにとても楽《たの》しみでした。でも、初日《しょにち》からその光景《こうけい》を見《み》たために、気《き》持《も》ちが急《きゅう》にしぼんでしまったのです。

ピンク色《いろ》の衝撃《しょうげき》

私《わたし》が驚《おどろ》いているあいだに算数《さんすう》の授業《じゅぎょう》は終《お》わり、休《やす》み時間《じかん》に入《はい》りました。謎《なぞ》の呪文《じゅもん》の衝撃《しょうげき》にやられたままいてもしかたがないので、私《わたし》はリュックからノートを出《だ》して、それにひらがなを書《か》きはじめました。

五十音《ごじゅうおん》を全部《ぜんぶ》書けるようにはなったものの、あまりきれいな字《じ》ではなかったので、私《わたし》はそのことをとても気《き》にしていました。それなのに、クラスの男《おとこ》の子《こ》たちが私《わたし》の机《つくえ》を囲《かこ》んで、何《なに》を書《か》いているのかをのぞいてきました。公園《こうえん》で遊《あそ》んだことがあった友《とも》だちや女《おんな》の子《こ》たちは、教室《きょうしつ》のすみのほうから私《わたし》を見《み》ていました。何《なに》を言《い》われるのかと緊張《きんちょう》していると、男《おとこ》の子《こ》たちは、

「うわぁー！　字《じ》きれぇー!!」

「おい、見《み》ろよ！　おまえの字《じ》よりも超《ちょう》きれいだぞ！」

と、私《わたし》の字《じ》をほめてくれたのでした。

（なんだ、私《わたし》より字《じ》が下手《へた》な子《こ》もいるんだ。別《べつ》に日本人《にほんじん》だから、みんな字《じ》がきれいで、みんな頭《あたま》

がいいわけじゃないんだな）

と、私《わたし》は少《すこ》し安心《あんしん》しました。

つづいて図工《ずこう》の時間《じかん》になりました。図工《ずこう》なら、国籍《こくせき》や年齢《ねんれい》に関係《かんけい》なく楽《たの》しめそうですが、ここでもカルチャーショックがありました。

絵《え》の具《ぐ》を使《つか》って絵《え》を描《か》く時間《じかん》でしたが、私《わたし》の絵《え》の具《ぐ》セットの中《なか》には、使《つか》おうと思《おも》ったピンク色《いろ》がありませんでした。そこで、となりの男《おとこ》の子《こ》に、

「ピンク持《も》ってる？」

と聞《き》いたところ、思《おも》わぬ答《こた》えが返《かえ》ってきました。

「何《なに》言《い》ってるの？　混《ま》ぜるんだよ」

「え？　ピンクだよ？」

「だから、ピンクは赤《あか》と白《しろ》を混《ま》ぜて作《つく》るんだってば！　知《し》らないの？」

知《し》りませんでした。絵《え》の具《ぐ》を混《ま》ぜて別《べつ》の色《いろ》を作《つく》れるなんて、それまでの私《わたし》には考《かんが》えもおよばなかったのでした。

牛乳《ぎゅうにゅう》って冷《つめ》たいまま飲《の》むもの？

はじめての給食《きゅうしょく》の時間《じかん》がやってきました。おなかが空《す》いていたので、とても楽《たの》しみでしたが、ここでもそうかんたんには行《い》かなかったのです。

それまでわが家《や》では、お金《かね》を使《つか》わないように、外食《がいしょく》はほとんどしてこなかったので、日本《にほん》の食《しょく》事《じ》にまだ慣《な》れていなかったのです。給食《きゅうしょく》で出《で》てきた冷《つめ》たい牛乳《ぎゅうにゅう》と卵《たまご》スープは、とくに箸《はし》がすすまず困《こま》りました。

（ご飯《はん》と冷《つめ》たい牛乳《ぎゅうにゅう》って合《あ》うの？　コーラとか水《みず》じゃないの？）

わが家《や》では牛乳《ぎゅうにゅう》はあたためて飲《の》むのがふつうだったので、冷《つめ》たいことにまず驚《おどろ》きましたし、それをご飯《はん》と合《あ》わせるのも驚《おどろ》きでした。悩《なや》んだすえ、意《い》を決《けっ》して飲《の》もうとすると、牛乳《ぎゅうにゅう》ビンのふたは薄《うす》い段《だん》ボールみたいで開《あ》けられません。見《み》ていたとなりの席《せき》の友《とも》だちが、かわりに開《あ》けてくれて助《たす》かりました。

でも、もうひとつの卵《たまご》スープはだれも助《たす》けることができません。目玉焼《めだまや》きやゆで卵《たまご》ならともかく、お椀《わん》のスープの中《なか》に浮《う》いたぐちゃぐちゃの卵《たまご》は、見《み》れば見《み》るほどグロテスクに思《おも》えました。目《め》をそらしたいほどなのに、それを飲《の》むなんて……。勇気《ゆうき》をふりしぼって一口《ひとくち》飲《の》み、四苦八苦《しくはっく》しながらなんとか飲《の》み下《くだ》しました。

楽《たの》しみなはずの給食《きゅうしょく》の時間《じかん》ですら、苦《くる》しい時間《じかん》となったのでした。たぶん涙目《なみだめ》になっていた私《わたし》を見《み》て、先生《せんせい》が「無理《むり》しなくてもいいよ」と言《い》ってくれたおかげで、なんとか済《す》みました。

漢字《かんじ》という強敵《きょうてき》

この登校初日《とうこうしょにち》はゴールデンウィークの合間《あいま》の1日《にち》だったのですが、ゴールデンウィークが明《あ》けて登校《とうこう》すると、さっそく漢字《かんじ》テストがありました。ひらがなとカタカナしか知《し》らない私《わたし》は、もちろん0点《てん》です。漢字《かんじ》テストは毎日《まいにち》あり、連日《れんじつ》0点《てん》がつづきました。

小《しょう》テストとはいえ、0点《てん》というのは心底落《しんそこお》ちこみます。それをよけいに悲《かな》しくさせるのは、私《わたし》はみんなより年上《としうえ》なのに……ということと、イランではほとんどのテストで満点《まんてん》だったのに、ここでは真逆《まぎゃく》だということでした。

あこがれの学校生活《がっこうせいかつ》は、はじまってみれば見渡《みわた》すかぎりハードルだらけでした。ちびまる子《こ》ちゃんが、こんな苦労《くろう》の多《おお》いところで学《まな》んでいたとは思《おも》いもしませんでした。なのに、当時《とうじ》の私《わたし》は異常《いじょう》に燃《も》えていたのです。漢字《かんじ》テストは毎日《まいにち》0点《てん》、九九《くく》もできないということが子《こ》ども心《ごころ》にも恥《は》ずかしかったのですが、さいわいにもその気持《きも》ちは、いっそうがんばる力《ちから》になったのでした。

「最初《さいしょ》からできるわけないじゃん。私《わたし》はみんなとちがって、ブランクがあるんだもん」

「これからだよ、これから。がんばれ自分《じぶん》！」

と、闘志《とうし》を燃《も》やし、学校《がっこう》で毎日出《まいにちだ》される宿題《しゅくだい》も、できるかぎりがんばってやったのでした。いまから思《おも》えば、先生《せんせい》も少《すこ》し配慮《はいりょ》して、私《わたし》だけ別《べつ》の問題《もんだい》にするなどしてくれてもよかったのでは？と思《おも》いますが、当人《とうにん》ですら何《なに》が壁《かべ》になるかわかっていなかったのに、先生《せんせい》がわかるはずもありません。それに、いま以上《いじょう》に、教室《きょうしつ》に外国人《がいこくじん》の生徒《せいと》がいるという経験《けいけん》が先生《せんせい》にもなかったのだと思《おも》います。

当時《とうじ》の私《わたし》にとって、最大《さいだい》の問題《もんだい》は漢字《かんじ》が読《よ》めないことでした。国語《こくご》だけでなく、算数《さんすう》も社会科《しゃかいか》も、教科書《きょうかしょ》は漢字《かんじ》まじりで書《か》いてあるのですから、すべてチンプンカンプンです。私《わたし》がみんなと一緒《いっしょ》に楽《たの》しめたのは、図工《ずこう》と音楽《おんがく》と体育《たいいく》の三《みっ》つだけでした。

教科書《きょうかしょ》やプリントの漢字《かんじ》が読《よ》めなければ、何《なに》を問《と》われているのかすらわからず、ますます「できない」の悪循環《あくじゅんかん》におちいります。さいわい日本語《にほんご》を話《はな》したり聞《き》いたりすることはできたので、まずはそこから克服《こくふく》することを考《かんが》えました。そのためには、ほかの人《ひと》の助《たす》けを借《か》りることです。

まず教科書《きょうかしょ》の漢字《かんじ》にふりがなを振《ふ》ることにしました。漢字《かんじ》はひとつも読《よ》めないので、近《ちか》くの席《せき》の友《とも》だちにお願《ねが》いしました。短《みじか》い休《やす》み時間《じかん》に、友《とも》だちが教科書《きょうかしょ》を読《よ》んでくれるのを聞《き》いて、漢字《かんじ》のわきにひとつずつふりがなを書《か》いていきました。

テストのときは、先生《せんせい》の了解《りょうかい》を得《え》て、早《はや》く終《お》わった子《こ》に、私《わたし》の席《せき》にきて漢字《かんじ》を読《よ》んでくれるようにお願《ねが》いしました。そのおかげで、たとえ問題《もんだい》に答《こた》えられなくても、問《と》われていることは理解《りかい》できました。正《ただ》しい答《こた》えを書《か》けるようになるまでは何年《なんねん》かかかりましたが、テストで問《と》われていることがわかるだけでも、当時《とうじ》の私《わたし》にはうれしかったのです。

家《いえ》でやる宿題《しゅくだい》は、計算問題《けいさんもんだい》なら両親《りょうしん》に教《おそ》わることができました。でも、文章問題《ぶんしょうもんだい》となると両親《りょうしん》も読《よ》めません。そんなときは、たのみの綱《つな》のゆいちゃんの家《いえ》におじゃまして、ゆいちゃんのお父《とう》さんやお母《かあ》さんに教《おし》えてもらいました。

こんなふうに、地道《じみち》な対策《たいさく》でみんなに追《お》いつこうとするあいだにも、授業《じゅぎょう》はどんどんすすみます。算数《さんすう》の授業《じゅぎょう》ではいよいよ分数《ぶんすう》がはじまりました。九九《くく》すらできなかった当時《とうじ》の私《わたし》には、みんなのやっている分数《ぶんすう》の計算《けいさん》はマジックのようでした。分数《ぶんすう》の宿題《しゅくだい》は、算数《さんすう》の得意《とくい》な子《こ》たちにお願《ねが》いをして、放課後《ほうかご》に教《おそ》わりました。

母《はは》の耳《みみ》に音読《おんどく》？

国語《こくご》の宿題《しゅくだい》で、毎日《まいにち》の音読《おんどく》というのがありました。音読《おんどく》を親《おや》に聞《き》いてもらって、一回《いっかい》ごとにプリントにはんこを押《お》してもらい、マス目《め》を全部《ぜんぶ》埋《う》めてゴールしようという、小学校《しょうがっこう》によくあるものです。でも、これがわが家《や》ではかんたんではありませんでした。お母《かあ》さんに音読《おんどく》を聞《き》いてもらおうとすると、

「お願《ねが》いだからやめてちょうだい！　あっちでひとりで読《よ》んでくれる？　頭《あたま》に響《ひび》くのよ」

と、拒否《きょひ》されてしまうのでした。

一応《いちおう》、はんこ代《が》わりのサインはくれるので、宿題《しゅくだい》はやったことにはなります。翌日《よくじつ》、プリントを回収《かいしゅう》する係《かかり》の友《とも》だちがそれを見《み》て、

「かっこいい！　うちなんてはんこなのに」

と、ほめてくれたのですが、そのサインはちゃんと確認《かくにん》せずに書《か》いたものだと私《わたし》は知《し》っているので、すごくいやでした。

いま思《おも》えば、日本語《にほんご》の苦手《にがて》なお母《かあ》さんにとって、教科書《きょうかしょ》の音読《おんどく》はお経《きょう》のように聞《き》こえて、しんどかったんだろうと思《おも》います。仕事《しごと》が終《お》わるやいなや急《いそ》いで帰《かえ》って、私《わたし》たちの夕食《ゆうしょく》を作《つく》っているときに、わけのわからないお経《きょう》を聞《き》かされるとすれば……。

お母《かあ》さんの気持《きも》ちがいまは理解《りかい》できても、学校《がっこう》に対《たい》して嘘《うそ》をついているようで、まじめな子《こ》どもだった私《わたし》にはつらかったのでした。

国語辞典《こくごじてん》と漢字辞典《かんじじてん》は強《つよ》い味方《みかた》！

宿題以外《しゅくだいいがい》にも、やっかいな問題《もんだい》がありました。それは、学校《がっこう》で配《くば》られる保護者向《ほごしゃむ》けの「おたより」です。わら半紙《ばんし》がびっしり文字《もじ》で埋《う》めつくされていて、大人《おとな》でもなかなか読《よ》むのは手間《てま》ですが、当時《とうじ》は弟《おとうと》たちの分《ぶん》も含《ふく》めて、毎日学校《まいにちがっこう》から届《とど》く「おたより」を解読《かいどく》するのは私《わたし》の役割《やくわり》でした。

毎日《まいにち》のことで、ボリュームも多《おお》いので友《とも》だちやゆいちゃんのおばちゃんにも頼《たの》みにくく、言《い》いだすことができませんでした。考《かんが》えてみれば、大人向《おとなむ》けに書《か》かれているので小学生《しょうがくせい》には読《よ》めなくても無理《むり》はありません。でも、当時《とうじ》は「学校《がっこう》に行《い》ってるんだから、これくらいの読《よ》み書《か》きはできて当《あ》たり前《まえ》。お母《かあ》さんは読《よ》めないんだから、自分《じぶん》がやらなくちゃ」と思《おも》っていたのです。

親《おや》も友《とも》だちも、周囲《しゅうい》の大人《おとな》の助《たす》けも借《か》りずに、この高《たか》いハードルを攻略《こうりゃく》するために私《わたし》が使《つか》った武器《ぶき》が、国語辞典《こくごじてん》と漢字辞典《かんじじてん》でした。

この国語辞典《こくごじてん》と漢字辞典《かんじじてん》は、日本語教室《にほんごきょうしつ》のスタッフの人《ひと》から入学祝《にゅうがくいわ》いにいただいたものでした。念願《ねんがん》かなって私《わたし》が学校《がっこう》に行《い》くと知《し》り、「ナディちゃんにプレゼントがあるよ」と渡《わた》されたのです。そのときは、プレゼントと聞《き》いて「セーラームーンの何《なに》かかな?」とワクワクしていたら、分厚《ぶあつ》い本《ほん》を2冊渡《さつわた》されて、がっかりしたのを覚《おぼ》えています。最初《さいしょ》はそれが何《なに》か見当《けんとう》もつかず、まさか日本語版《にほんごばん》のコーラン? でも、どうして2冊《さつ》? と、とまどいましたが、これがのちに大活躍《だいかつやく》することになったのでした。

国語《こくご》の授業《じゅぎょう》で、漢字《かんじ》には画数《かくすう》というものがあると知《し》ってから、読《よ》めない漢字《かんじ》があったら画数《かくすう》を数《かぞ》え、漢字辞典《かんじじてん》の画数《かくすう》さくいんを引《ひ》くようになりました。でも、まだ漢字《かんじ》に不慣《ふな》れなので、よく数《かぞ》えまちがいます。なので、たとえば10画《かく》と数《かぞ》えたら、8画《かく》から12画《かく》くらいまで、すべての範囲《はんい》を調《しら》べました。ようやく目的《もくてき》の漢字《かんじ》を見《み》つけ出《だ》したら、こんどは熟語《じゅくご》を探《さが》します。熟語《じゅくご》の読《よ》みがわかると、次《つぎ》は国語辞典《こくごじてん》を引《ひ》いて意味《いみ》を調《しら》べます。

こうして漢字辞典《かんじじてん》と国語辞典《こくごじてん》を往復《おうふく》しながら、学校《がっこう》から来《く》るプリントや両親《りょうしん》の年末調整《ねんまつちょうせい》の書類《しょるい》を、一字一字解読《いちじいちじかいどく》していったのでした。この方法《ほうほう》で一枚《いちまい》のプリントを理解《りかい》するには、当然《とうぜん》とても時間《じかん》がかかります。でも何度《なんど》もやっていると、だんだん見出《みだ》しを読《よ》んだだけで内容《ないよう》の見当《けんとう》がつくようになりました。「母《はは》の耳《みみ》に音読《おんどく》」の二《に》の舞《まい》になりそうだったので、そのうち最低限《さいていげん》の説明《せつめい》しか親《おや》にはしなくなりました。

ただ、そうやって必要《ひつよう》ないと判断《はんだん》したプリントを勝手《かって》にゴミ箱《ばこ》に入《い》れていたら、あるときお母《かあ》さんがそれを見《み》つけて、何《なん》なのかと私《わたし》に聞《き》きました。めんどうなので「ゴミだよ」と私《わたし》が言《い》うと、「なんで学校《がっこう》からゴミが届《とど》くのよ！」とお母《かあ》さんに怒《おこ》られてしまいました。まあ、これは私《わたし》の言葉《ことば》づかいが悪《わる》かったのですが……。

こんなふうにして、学校《がっこう》だよりやさまざまな書類《しょるい》はクリアできましたが、困《こま》ったのは先生《せんせい》の手《て》書《が》きのおたよりです。パソコンの文字《もじ》と比《くら》べて癖《くせ》があり、画数《かくすう》がわからないのです。無限《むげん》に漢字《かんじ》辞典《じてん》を探《さが》すはめになるので、こういうときはしかたなく、ゆいちゃんのおばちゃんにお願《ねが》いしました。

ランドセルが使《つか》える！

ダイ・マジードからもらった入学祝《にゅうがくいわ》いのリュックは、私《わたし》のあつかいが悪《わる》かったのか、しばらくすると破《やぶ》けたりジッパーが壊《こわ》れたりしてしまいました。担任《たんにん》の先生《せんせい》は、たぶんそれを気《き》にかけてくれていたのでしょう。

それは、学校《がっこう》の畑《はたけ》にさつまいも掘《ほ》りに行《い》く途中《とちゅう》のことでした。みんなで並《なら》んで歩道《ほどう》を歩《ある》いていると、途中《とちゅう》のゴミ捨《す》て場《ば》に、とても古《ふる》い赤《あか》のランドセルが捨《す》ててあるのを見《み》た先生《せんせい》が、

「ナディさん、リュックをやめてこのランドセルを使《つか》ったらいいじゃない？」

と、友《とも》だちの前《まえ》で言《い》ったのです。

私《わたし》はとても恥《は》ずかしくなりました。みんなと同《おな》じランドセルへのあこがれはたしかにありましたが、ダイ・マジードがくれたリュックに対《たい》して、しかもクラスの友《とも》だちの前《まえ》で、そんなことを

言《い》われるとは思《おも》わなかったので、ほんとうに恥《は》ずかしかったのです。

「私《わたし》はこのリュックが好《す》きなので、ランドセルはいらないです」

先生《せんせい》は悪気《わるぎ》があって言《い》ったわけではないとわかっていたので、失礼《しつれい》のないように答《こた》えました。

この何《なん》か月《げつ》かあとのことだったと思《おも》いますが、近所《きんじょ》の方《かた》が、卒業《そつぎょう》した子《こ》どものランドセルを私《わたし》にくれました。お下《さ》がりでも、比較的《ひかくてき》きれいだったので、私《わたし》はとてもうれしかったです。

学校《がっこう》でケガだけはするな！

そんなふうに悪戦苦闘《あくせんくとう》がつづきましたが、学校《がっこう》そのものは好《す》きで、ことに休《やす》み時間《じかん》や放課後《ほうかご》に校庭《こうてい》で遊《あそ》ぶのは大好《だいす》きでした。最初《さいしょ》は投《な》げ方《かた》すらわからなかったドッジボールも、すぐに覚《おぼ》えて大好《だいす》きになりました。

ところがある日《ひ》、遊《あそ》んでいるうちに転《ころ》んで足首《あしくび》を痛《いた》めてしまったのです。あまりの痛《いた》さに、帰《かえ》って両親《りょうしん》に話《はな》し、近《ちか》くの接骨院《せっこついん》に連《つ》れていってもらいました。ねんざと診断《しんだん》され、レントゲンなどを撮《と》って、足首《あしくび》が動《うご》かないように包帯《ほうたい》で固《かた》めてもらいました。その１回《かい》の診察《しんさつ》で、およそ４０

00円《えん》の費用《ひよう》がかかりました。私《わたし》の家《いえ》には大《おお》きな出費《しゅっぴ》でした。

日本《にほん》の法律《ほうりつ》では、在留資格《ざいりゅうしかく》がない人《ひと》は健康保険《けんこうほけん》に入《はい》れないことになっています。そうすると、病院《びょういん》にかかったときの診療費《しんりょうひ》が全額負担《ぜんがくふたん》となり、ふつうの何倍《なんばい》もお金《かね》がかかってしまうのです。

お父《とう》さんとお母《かあ》さんが一所懸命《いっしょけんめい》に働《はたら》いているのに、私《わたし》が転《ころ》んだばかりに無駄《むだ》な出費《しゅっぴ》をふやしてしまったと、私《わたし》は責任《せきにん》を感《かん》じました。しかも、翌日《よくじつ》もその接骨院《せっこついん》に診察《しんさつ》をうけに来《く》るようにと言《い》われたのです。

（きっと明日《あした》もまた何千円《なんぜんえん》かかかるんだろうな……。1回治療《かいちりょう》をうけたんだし、行《い》かなくてもいいや）

と考《かんが》えて、翌日《よくじつ》は行《い》きませんでした。

それから何《なん》か月《げつ》かあと、また遊《あそ》んでいて転《ころ》んでしまい、今度《こんど》は反対側《はんたいがわ》の足首《あしくび》を痛《いた》めてしまいました。このときも、あまりの痛《いた》さに最初《さいしょ》だけお医者《いしゃ》さんに行《い》きましたが、その次《つぎ》からは行《い》きませんでした。

二度《にど》も同《おな》じことをしてしまうなんて、ほんとうに両親《りょうしん》に悪《わる》いことをしてしまったなあと反省《はんせい》していましたが、「二度《にど》あることは三度《さんど》ある」と言うように、後日《ごじつ》またまた転《ころ》んでしまったのです。

ねんざは一度《いちど》すると癖《くせ》がついてしまうと言《い》われますが、ほんとうにそうです。しかも、三度目《さんどめ》のこのときは、前《まえ》にも増《ま》して激痛《げきつう》だったのです。

（痛《いた》いけど、もうお医者《いしゃ》さんには行《い》けないや……。どうせまたすぐ治《なお》るよね！）

と、私《わたし》は思《おも》いました。でも、学校《がっこう》から家《いえ》までの距離《きょり》がとても長《なが》く感《かん》じられるほど痛《いた》みはひどく、次《つぎ》の日《ひ》になると、足《あし》の腫《は》れは倍《ばい》くらいになっていました。痛《いた》みをこらえて学校《がっこう》へ向《む》かいましたが、上履《うわば》きが入《はい》りません。しかたがないので上履《うわば》きのかかとを踏《ふ》んづけて、その日《ひ》はすごしました。

家《いえ》に帰《かえ》ると、足《あし》はパンパンに腫《は》れていて、とうとうお母《かあ》さんにばれてしまいました。お母《かあ》さんは心配《しんぱい》して、すぐにお医者《いしゃ》さんに連《つ》れていってくれました。

病院《びょういん》でまた「ねんざです」と言《い》われるのかと思《おも》いきや、

「足《あし》の骨《ほね》にひびが入《はい》っています。何日《なんにち》か前《まえ》にしたケガですよね？　どうしてもっと早《はや》く来《こ》なかったの？　ふつう、がまんできないよね？」

と言《い》われてしまったのです。

「ごめんなさい」と謝《あやま》りましたが、内心《ないしん》では、

（だって保険証《ほけんしょう》がなくて、治療費《ちりょうひ》が高《たか》いから……しょうがないんです）

と思《おも》っていました。

こんなふうに、ケガをしたり病気《びょうき》になったりしても、治療費《ちりょうひ》が高《たか》くつくので、私《わたし》たちはなるべく病院《びょういん》に行《い》くのを避《さ》けました。指《ゆび》を骨折《こっせつ》した友《とも》だちが、病院《びょういん》で支払《しはら》った額《がく》が300円《えん》と聞《き》いたときはほんとうに驚《おどろ》いたし、鼻炎《びえん》やちょっとした風邪《かぜ》でも病院《びょういん》へ行《い》けることが心底《しんそこ》うらやましく、

（耳鼻科《じびか》ってどんな病院《びょういん》なんだろう。いいなあ）

と、いつも思《おも》っていました。もちろん、両親《りょうしん》に病院《びょういん》に行《い》くなと言《い》われたのではなく、自分《じぶん》でそう感《かん》じていたのです。そして、たどり着《つ》いたのはオロナミンCでした。どんな風邪《かぜ》を引《ひ》いても、薬《やっ》局《きょく》の薬《くすり》とオロナミンCを飲《の》めば治《なお》ると言《い》って、それで治《なお》していたのです。

痛《いた》みがある病気《びょうき》で、いちばん困《こま》るのは歯痛《しつう》です。私《わたし》たちきょうだいはよく学校《がっこう》の歯科検診《しかけんしん》で「虫歯《むしば》がある」と診断《しんだん》されました。痛《いた》みがあるときはやむなく歯医者《はいしゃ》に行《い》きましたが、その回数《かいすう》の多《おお》さと治療費《ちりょうひ》の高《たか》さに耐《た》えきれず、いつも途中《とちゅう》で行《い》かなくなりました。

イランの歯医者《はいしゃ》さんは、1回《かい》でほぼ治療《ちりょう》を終《お》えてくれるので、

「いつかイランに行ったら、みんなで歯医者《はいしゃ》に行《い》こう！」

と、よく話《はな》していました。

5年生《ねんせい》になると、学校《がっこう》の行事《ぎょうじ》のひとつに、一泊二日《いっぱくふつか》の林間学校《りんかんがっこう》がありました。決《き》められた持《も》ちものがたくさんありましたが、とくにたいせつなのは健康保険証《けんこうほけんしょう》のコピーです。旅先《たびさき》での事故《じこ》や病気《びょうき》のために必要《ひつよう》なのですが、健康保険《けんこうほけん》に加入《かにゅう》できない私《わたし》は、毎回忘《まいかいわす》れたことにしていました。「しおり」の裏側《うらがわ》に保険証《ほけんしょう》のコピーを貼《は》る欄《らん》があるのですが、私《わたし》のしおりだけはいつも真《ま》っ白《しろ》で、私《わたし》はそのことがとても恥《は》ずかしくて、なるべく隠《かく》していました。「忘《わす》れたの？」と友《とも》だちから聞《き》かれても、いつも適当《てきとう》にごまかしていました。

お父《とう》さん、警察《けいさつ》に捕《つか》まる

ビザがないことによる不便《ふべん》は、健康保険《けんこうほけん》に入れないことだけではありません。そもそも、オーバーステイの私《わたし》たちは、いつでも警察《けいさつ》に捕《つか》まる可能性《かのうせい》がありました。

学校《がっこう》に通《かよ》って1年《ねん》ほどたったころでした。私《わたし》は小学《しょうがく》4年生《ねんせい》だったと思《おも》いますが、夜《よる》、お父《とう》さんが家《いえ》に帰《かえ》ってきたかと思《おも》うと、なんとお父《とう》さんの両《りょう》わきには二人《ふたり》の警察官《けいさつかん》がいたのです。

「お祈《いの》りの集《あつ》まりの帰《かえ》りに、歩《ある》いていたら捕《つか》まってしまった」

と、お父《とう》さんは言《い》いました。

お祈《いの》りの集《あつ》まりというのは、日本《にほん》に来《き》ているイラン人《じん》たちが週《しゅう》に一度《いちど》、だれかの家《いえ》に集《あつ》まり、ひとりがコーランを読《よ》み、みんなでお祈《いの》りをするものです。本来《ほんらい》はモスク（イスラム寺院《じいん》）でするものですが、日本《にほん》では近《ちか》くにモスクがないうえ、オーバーステイの人《ひと》も多《おお》かったので、遠出《とおで》せずにすむ方法《ほうほう》として、そうして集《あつ》まっていたのです。お父《とう》さんは、このお祈《いの》りの会《かい》でコーランを読《よ》む役《やく》をよくしていました。

そのお祈《いの》りの集《あつ》まりの帰《かえ》り、通《とお》りかかった警察官《けいさつかん》に、

「なに人《じん》だ？　外国人登録証明書《がいこくじんとうろくしょうめいしょ》を見《み》せて」

と、職務質問《しょくむしつもん》をうけたのだそうです。そして、外国人登録証明書《がいこくじんとうろくしょうめいしょ》に「在留資格《ざいりゅうしかく》なし」とあるのを見《み》て、

「ビザがないじゃないか。警察《けいさつ》に行《い》こうか」

と言《い》ったそうです。そしてお父さんと一緒《いっしょ》に、パスポートを取《と》りに家《いえ》まで来《き》たのです。

お父《とう》さんが警察官《けいさつかん》に付《つ》き添《そ》われて帰《かえ》ってきたので、私《わたし》たちはとても驚《おどろ》きました。せっかく通《かよ》いはじめた学校《がっこう》にも行《い》けなくなり、イランに強制送還《きょうせいそうかん》されてしまうかもしれないのです。

とっさに私《わたし》は、自分《じぶん》がはじめてもらった通知表《つうちひょう》を持《も》ってきて、彼《かれ》らに見《み》せたのでした。

「K小学校《しょうがっこう》に通《かよ》ってます！　去年《きょねん》やっと入学《にゅうがく》できたんです。私《わたし》たちは勉強《べんきょう》してるんです。悪《わる》いことは何《なに》もしていません！」

今度《こんど》はランドセルを持《も》ってきて、

「これも見《み》てください！」

と、見《み》せました。弟《おとうと》にも教科書《きょうかしょ》を持《も》ってくるように言《い》い、お母《かあ》さんにはモハマの保育園《ほいくえん》の連絡帳《れんらくちょう》や制服《せいふく》を持《も》ってくるように言《い》いました。それらを見せながら、

「お願《ねが》いです。ほんとうに勉強《べんきょう》してるんです。捕《つか》まえないでください！」

と、泣《な》くことも忘《わす》れて言《い》いました。警察官《けいさつかん》たちは黙《だま》ったまま私《わたし》たちを見《み》て、お父《とう》さんを放《はな》してくれました。

「ありがとうございます、ありがとうございます！　もっと勉強《べんきょう》がんばります！」

私《わたし》たちはみんなで頭《あたま》を下《さ》げてお礼《れい》を言《い》い、警察官《けいさつかん》たちはパトカーに乗《の》って帰《かえ》っていきました。

警察官《けいさつかん》が帰《かえ》ったあと、やっと息《いき》ができるようになったような気《き》がしました。お母《かあ》さんは顔《かお》が真《ま》っ青《さお》でした。

「怖《こわ》かったねぇ……」

と私《わたし》たちは話《はな》しましたが、お母《かあ》さんはお父《とう》さんに、もうお祈《いの》りの集《あつ》まりには行《い》かないようにと怒《おこ》って言《い》いました。その帰《かえ》りに、またこんなことになったら大変《たいへん》だからです。

しかし、何《なん》か月《げつ》かあと、またもやお父《とう》さんは警察《けいさつ》に捕《つか》まってしまったのです。

Ｅアパートに住《す》むメフランさんが捕《つか》まったとの知《し》らせが入《はい》り、お父《とう》さんはメフランさんの弟《おとうと》のところに行《い》きました。しかし、そこでメフランさんのパスポートを取《と》りにきた警察官《けいさつかん》と鉢合《はちあ》わせしてしまい、職務質問《しょくむしつもん》をうけて一緒《いっしょ》に連《つ》れて行《い》かれることになったのです。今度《こんど》はお父《とう》さんのパスポートを取《と》りに家《いえ》に来《き》たところで、私《わたし》たちと会《あ》ったのでした。

前回《ぜんかい》と同《おな》じく、私《わたし》は小学校《しょうがっこう》で勉強《べんきょう》していることを必死《ひっし》に伝《つた》えました。お父《とう》さんはそのまま警察《けいさつ》署《しょ》に連《つ》れていかれたのですが、深夜遅《しんやおそ》くになってようやく解放《かいほう》されました。お父《とう》さんが解放《かいほう》された事情《じじょう》はよくわかりませんが、メフランさんはそれから3か月間《げつかん》も勾留《こうりゅう》されて、その後《ご》イランに強制送還《きょうせいそうかん》されてしまいました（＊）。

＊…前《まえ》にも書《か》いたように、当時《とうじ》は、自治体《じちたい》や入管《にゅうかん》に超過滞在《ちょうかたいざい》だと把握《はあく》されても、すぐ強制送還《きょうせいそうかん》にはなりませんでした。日《に》本《ほん》の企業《きぎょう》が外国人労働者《がいこくじんろうどうしゃ》を必要《ひつよう》としていたので、警察《けいさつ》や入管《にゅうかん》もそれに配慮《はいりょ》して黙認《もくにん》していた面《めん》があると思《おも》います。2

000年代《ねんだい》以降《いこう》、超過滞在《ちょうかたいざい》の外国人《がいこくじん》は厳《きび》しく取《と》り締《し》まられるようになったので、ちょうどこのころは過渡期《かとき》だったのかもしれません。ちなみに、ふつうの犯罪《はんざい》では勾留《こうりゅう》や懲役《ちょうえき》の期間《きかん》が法律《ほうりつ》で定《さだ》められていますが、不法滞在《ふほうたいざい》で収容《しゅうよう》される場合《ばあい》、法律《ほうりつ》に期間《きかん》の定《さだ》めがありません。入管《にゅうかん》の判断《はんだん》しだいで事実上《じじつじょう》、何年《なんねん》でも収容《しゅうよう》できることになり、家族《かぞく》と引《ひ》き裂《さ》かれたり、長期収容《ちょうきしゅうよう》で健康《けんこう》を害《がい》したりといった人権侵害《じんけんしんがい》を生《う》んでいます。法治国家《ほうちこっか》である日本《にほん》で、なぜか外国人《がいこくじん》に対《たい》しては法律《ほうりつ》の定《さだ》めなく無期限《むきげん》に自由《じゆう》を奪《うば》ってよいことになっています。

イスラム教《きょう》のルールと学校《がっこう》のルール

はじめのうちはまわりに追《お》いつくことで精一杯《せいいっぱい》だった私《わたし》ですが、4年生《ねんせい》になるとその差《さ》はだんだん縮《ちぢ》まり、5年生《ねんせい》になるころには、ほかの子《こ》と変《か》わらないくらいの成績《せいせき》になりました。通知表《つうちひょう》は3段階《だんかい》だったように記憶《きおく》していますが、いくつかの項目《こうもく》をのぞいて全部《ぜんぶ》、いちばんいい成績《せいせき》を取《と》ることができるくらいになったのでした。

ただ、勉強《べんきょう》は自分《じぶん》の努力《どりょく》と周囲《しゅうい》の助《たす》けを借《か》りてどうにかなっても、文化《ぶんか》のちがいからくる生活《せいかつ》ルールの問題《もんだい》は、どうにもできないことがありました。なかでも私《わたし》の場合《ばあい》、学校《がっこう》のルールとイスラム教《きょう》とのルールが食《く》いちがうときに困《こま》りました。

イスラム教徒《きょうと》は、1日《にち》の決《き》まった時間帯《じかんたい》に、計《けい》5回《かい》お祈《いの》りをします。お父《とう》さんもお母《かあ》さんも、仕《し》事《ごと》の休憩時間《きゅうけいじかん》にはかならずお祈《いの》りをしていました。また、女性《じょせい》が外出《がいしゅつ》するときはスカーフで髪《かみ》を隠《かく》し、からだのラインがわかりにくいマントを着《き》るか、長袖《ながそで》・長《なが》ズボンが決《き》まりです。日本《にほん》に来《き》てからも、お母《かあ》さんは工場《こうじょう》でもスカーフをつけ、夏《なつ》でもひじより袖《そで》の短《みじか》い服《ふく》やスカートは着《き》ませんでした。お母《かあ》さんはとても暑《あつ》がりなので、梅雨《つゆ》や蒸《む》し暑《あつ》い夏《なつ》はつらそうでしたが、イスラムの教《おし》えは厳格《げんかく》に守《まも》っていました。

食《た》べものに関《かん》しては、いちばん重要《じゅうよう》なのはお酒《さけ》を飲《の》まず、豚肉《ぶたにく》を食《た》べないということです。豚《ぶた》肉以外《にくいがい》の牛《うし》や鳥《とり》、羊《ひつじ》の肉《にく》は、お祈《いの》りをささげ、決《き》められた方法《ほうほう》で処理《しょり》されたもの（ハラルフード）を食《た》べます。当時《とうじ》の日本《にほん》ではハラルフードが手《て》に入《はい》りにくく、私《わたし》たちは豚以外《ぶたいがい》の肉《にく》は食《た》べましたが、お父《とう》さんだけはかたくなに食《た》べず、卵《たまご》や魚《さかな》だけ食《た》べていました。両親《りょうしん》がこうなので、私《わたし》も豚《ぶた》肉《にく》や、お酒《さけ》が入《はい》ったものは食《た》べずに育《そだ》ちました。

日本《にほん》の学校《がっこう》に通《かよ》えるようになった当初《とうしょ》は、「これが体操着《たいそうぎ》か。パンツみたいだな！　水着《みずぎ》はこれか～、夏《なつ》が楽《たの》しみ！」と、うれしくて頭《あたま》がいっぱいで、イスラム教《きょう》のルールとのちがいなど何《なに》も考《かん》えていませんでした。給食《きゅうしょく》のおかずで豚肉《ぶたにく》が出《で》ても、何《なに》も考《かん》えずに残《のこ》さず食《た》べていました。とりわけポークビーンズは、イランの料理《りょうり》にも似《に》ていたので、パンを浸《ひた》して食《た》べるのが大好《だいす》きでした。

ただ、成長《せいちょう》して少《すこ》しずつ自分《じぶん》がイスラム教徒《きょうと》だということを理解《りかい》するようになると、こうした学校《がっこう》の決《き》まりとのギャップが意識《いしき》されてきたのです。

「あなた、まだパンツで運動《うんどう》してるの？」

ある日《ひ》、お母《かあ》さんに、

「あなた、まだパンツで運動《うんどう》しているの？」

と言《い》われました。いまごろ？ と思《おも》い、

「パンツじゃなくてブルマだよ」

と言《い》いましたが、イスラム教徒《きょうと》のお母《かあ》さんの感覚《かんかく》ではパンツに思《おも》えてもしかたありません。お母《かあ》さんからすれば、娘《むすめ》がパンツすがたで運動《うんどう》なんて、どんな理由《りゆう》を並《なら》べても理解《りかい》できなかったのでしょう。文化《ぶんか》というのは理由《りゆう》に関係《かんけい》なく存在《そんざい》するものです。

いままでも気《き》にしてはいたのかもしれませんが、5年生《ねんせい》になって私《わたし》のからだが変《か》わってきたので、ことに気《き》になってきたのだと思《おも》います。お母《かあ》さんに言《い》われてようやく私《わたし》も、

(私《わたし》はイスラム教徒《きょうと》なのに、なんでブルマや水着《みずぎ》で肌《はだ》を露出《ろしゅつ》しているんだろう?)

(イスラム教徒《きょうと》なのに、なんで豚肉《ぶたにく》を食《た》べてるんだろう?)

と思《おも》うようになったのです。ほんとうはイスラム教《きょう》の決《き》まりにそった行動《こうどう》をしたかったので、どうしたらいいのかとそれからは悩《なや》みました。

外国人《がいこくじん》の生徒《せいと》にとって「あるある」だと思《おも》いますが、このころ学校《がっこう》の先生《せんせい》から、よくイランのことを聞《き》かれたりもしたのです。食《た》べものからはじまり、生活習慣《せいかつしゅうかん》のこと、イランの童謡《どうよう》、サッカー選手《せんしゅ》、大統領《だいとうりょう》のこと、イラン・イスラム革命《かくめい》のことや、さらには「核爆弾《かくばくだん》を持《も》っているの?」なんて、よく考《かんが》えたら小学生《しょうがくせい》が知《し》るよしもないようなことまで。

先生《せんせい》としては、私《わたし》に対《たい》するクラスの理解《りかい》を助《たす》けるために、そうした機会《きかい》をつくってくれたのでしょう。そうしたなかで、私《わたし》は自分《じぶん》がイラン人代表《じんだいひょう》のような気持《きも》ちになり、お母《かあ》さんやお父《とう》さんにもイランのことを尋《たず》ねて、できるだけ答《こた》えようとしました。そして、

「私《わたし》はイラン人《じん》なんだから、イスラム教《きょう》のこともきちんとしなくちゃ!」

という思《おも》いを強《つよ》くし、宗教的《しゅうきょうてき》なルールに反《はん》している生活《せいかつ》を解決《かいけつ》したいと思《おも》いました。

勇気《ゆうき》をだして先生《せんせい》に相談《そうだん》

そこで私《わたし》は、まず担任《たんにん》の先生《せんせい》に相談《そうだん》してみることにしました。ほんとうは親《おや》が学校《がっこう》に相談《そうだん》してくれればいいのですが、日本語《にほんご》をうまく話《はな》せないうえ、仕事《しごと》が忙《いそが》しくて時間《じかん》がないと思《おも》ったのであきらめました。それよりも、自分《じぶん》の学校生活《がっこうせいかつ》なんだから、現場《げんば》を知《し》っている私《わたし》が相談《そうだん》にいくのが筋《すじ》だと思《おも》ったのです。それ以前《いぜん》にも私《わたし》は、先生《せんせい》と家庭《かてい》とのやりとりを、弟二人《おとうとふたり》の分《ぶん》も含《ふく》めて全部《ぜんぶ》やっていたので、ふつうのことだと思《おも》っていました。

先生《せんせい》に伝《つた》えたかったことは、体育《たいいく》の時間《じかん》にブルマをはかず、別《べつ》の体操着《たいそうぎ》で授業《じゅぎょう》を受《う》けてもいいかということ。それと、給食《きゅうしょく》の豚肉《ぶたにく》を残《のこ》してもいいかということです。

書《か》いているいまもドキドキしますが、学校《がっこう》にそんなわがままが通《つう》じるのか不安《ふあん》でした。ブルマや水着《みずぎ》はまだしも、給食《きゅうしょく》を残《のこ》してはいけないというのは学校《がっこう》の絶対的《ぜったいてき》なルールでした。それに対《たい》し、豚肉《ぶたにく》だけ食《た》べたくないなんて、とうてい聞《き》き入《い》れてもらえないかもなあ、と思《おも》ったのです（いま思《おも》うと、食物《しょくもつ》アレルギーを持《も》っているような子《こ》も学校《がっこう》にいたかもしれませんが、そういう子《こ》は目立《めだ》っていなかったのか、記憶《きおく》にありません）。

頭《あたま》の中《なか》でいろいろなことを考《かんが》えましたが、ついに意《い》を決《けっ》して先生《せんせい》のところに行《い》きました。

「先生《せんせい》、じつは私《わたし》、イスラム教徒《きょうと》なんです。イスラム教《きょう》では女性《じょせい》に肌《はだ》の露出《ろしゅつ》を禁《きん》じているので、ブルマをやめてジャージで体育《たいいく》の授業《じゅぎょう》を受《う》けていいですか」

心臓《しんぞう》がバクバクしながらそう言《い》ったのですが、先生《せんせい》は、

「いいですよ」

と、なんともあっさりとOKを出《だ》してくれました。しかし、まだ水着《みずぎ》と豚肉《ぶたにく》が残《のこ》っています。さらに勇気《ゆうき》をふりしぼって、

「同《おな》じ理由《りゆう》でスクール水着《みずぎ》もだめなので、サーフィン用《よう》の肌《はだ》の露出《ろしゅつ》の少《すく》ない水着《みずぎ》で水泳《すいえい》の授業《じゅぎょう》を受《う》けてもいいでしょうか」

と言《い》うと、これまたあっさりとOKしてくれました。そして最後《さいご》に、豚肉《ぶたにく》のことも言《い》いました。

「イスラム教《きょう》の決《き》まりで豚肉《ぶたにく》は食《た》べちゃいけないのです。給食《きゅうしょく》で豚肉《ぶたにく》を残《のこ》してもいいですか。たとえば、ミートソースのスパゲッティが出《で》たら、麺《めん》は食《た》べるけどソースは残《のこ》していいですか？」

「いいですよ」

先生《せんせい》は「いいですよ」しか言《い》えない人《ひと》なんじゃないかと思《おも》うほど、私《わたし》の不安《ふあん》とは裏腹《うらはら》に、あっさりと承諾《しょうだく》してくれたのです。

みんなとちがうといじめられるかも?

先生《せんせい》の許可《きょか》が出《で》て、ほっとした反面《はんめん》、私《わたし》にはまだ別《べつ》の不安《ふあん》がありました。それはまわりの友《とも》だちの反応《はんのう》です。「ナディだけ特別《とくべつ》あつかいして」「ここは日本《にほん》なんだから、日本《にほん》の決《き》まり通《どお》りにしなよ」などと反感《はんかん》を買《か》わないかなと、ドキドキしていました。

でも、さいわいなことに、この心配《しんぱい》も杞憂《きゆう》でした。体育《たいいく》の時間《じかん》、ひとりだけジャージで授業《じゅぎょう》を受《う》けてみると、まわりからは、

「ジャージじゃん！　カッコイー！」

水泳《すいえい》の時間《じかん》、ひとりだけサーフィン用《よう》の水着《みずぎ》を着《き》ていると、

「なにその水着《みずぎ》、カッケ――――！」

と、なぜか大人気《だいにんき》でうらやましがられたのです。そこまで賞賛《しょうさん》を浴《あ》びた理由《りゆう》はわかりませんが、友《とも》だちの好意的《こういてき》な反応《はんのう》はとてもありがたかったです。

給食《きゅうしょく》についても、それ以後《いご》、豚肉《ぶたにく》の入《はい》ったメニューは避《さ》けることになりました。大好《だいす》きだったミートソーススパゲッティは、麺《めん》だけだと味《あじ》がなく、とてもまずい食《た》べものに化《ば》けました。ポークビーンズは豚肉《ぶたにく》のかたまりだけよけて食《た》べました。

メニューによっては、私《わたし》が食《た》べられるのは牛乳《ぎゅうにゅう》とみかんだけ、という日《ひ》もありました。そんなとき、休《やす》みの子《こ》の分《ぶん》のみかんを「ナディちゃん食《た》べなよ」とみんなが言《い》ってくれたこともありました。でも、やっぱり量《りょう》が少《すく》なくてひもじい日《ひ》は、急《いそ》いで家《いえ》に帰《かえ》って何《なに》か食《た》べたりしました。

家庭科《かていか》の授業《じゅぎょう》で、私《わたし》が材料《ざいりょう》の買《か》い出《だ》し係《がかり》になったとき、材料《ざいりょう》に入《はい》っていたハムは私《わたし》の分《ぶん》の料理《りょうり》には入《い》れませんでした。そして、割《わ》り勘《かん》の計算《けいさん》をするとき、ハムの分《ぶん》だけ私《わたし》の負担《ふたん》から引《ひ》いてくれました。せいぜい数十円《すうじゅうえん》の差《さ》ですが、私《わたし》のことを考《かんが》えてくれていることが伝《つた》わり、とってもうれしかったのを覚《おぼ》えています。

小学校《しょうがっこう》という環境《かんきょう》では、何《なに》かがみんなとちがうと、すぐにいじめの対象《たいしょう》になったり排除《はいじょ》されやすかったりします。でも私《わたし》の場合《ばあい》、「なんでナディだけちがうの？」と言《い》っていじめる人《ひと》は、さいわいひとりもいなかったのでした。担任《たんにん》の先生《せんせい》は、臨機応変《りんきおうへん》にやりたいことをやらせてくれましたし、まわりの友《とも》だちもそれを受《う》け入《い》れてくれて、とてもありがたい環境《かんきょう》だったなあ、と思《おも》っています。

お母《かあ》さん、日本《にほん》のお弁当《べんとう》にチャレンジ

給食《きゅうしょく》の豚肉《ぶたにく》メニューを食《た》べないかわりに、家《いえ》からお弁当《べんとう》を持《も》っていったときもあったのですが、これは長続《ながつづ》きしませんでした。イランには、日本《にほん》のような華《はな》やかなお弁当文化《べんとうぶんか》はなく、パンにチーズを挟《はさ》んだだけといった味気《あじけ》ないものが一般的《いっぱんてき》なのです。

お母《かあ》さんは、私《わたし》たちが説明《せつめい》する「タコさんウインナー」や「だし巻《ま》き卵《たまご》」を見《み》たこともないので、私《わたし》たちの説明《せつめい》を聞《き》きながら頭《あたま》でイメージして作《つく》りましたが、出《で》てきたのは全然《ぜんぜん》ちがうものでした。工場《こうじょう》の日本人《にほんじん》の同僚《どうりょう》にも相談《そうだん》して、いろいろ試《ため》したりもしてくれましたが、なかなかいい感《かん》じにはならなかったのです。

クラスで私《わたし》ひとりだけお弁当《べんとう》だと注目《ちゅうもく》の的《まと》なので、よけいにふたを開《あ》けるのが恥《は》ずかしくて、

お母《かあ》さんに負担《ふたん》をかけるのも悪《わる》いので、自分《じぶん》からやめてしまいました。「日本風《にほんふう》のお弁当《べんとう》が作《つく》れないお母《かあ》さん」も「外国人《がいこくじん》あるある」だと思《おも》います。でも、大人《おとな》になったいまわかるのは、言葉《ことば》の説明《せつめい》だけで想像《そうぞう》して異国《いこく》のお料理《りょうり》を作《つく》るのは、とてもむずかしいということです。それがなくても、毎日《まいにち》の献立《こんだて》を考《かんが》えて作《つく》るのはたいへんなのに。

サルか神《かみ》さまか、それが問題《もんだい》だ

こうして、イスラム教《きょう》の決《き》まりとぶつかる学校生活《がっこうせいかつ》の問題《もんだい》は解決《かいけつ》していけましたが、さらに複《ふく》雑《ざつ》な問題《もんだい》にもぶつかりました。それは進化論《しんかろん》です。

「人間《にんげん》はサルの仲間《なかま》から進化《しんか》した」と、日本《にほん》で教育《きょういく》を受《う》けた人《ひと》は当《あ》たり前《まえ》に習《なら》って信《しん》じるはずです。でも、これは決《けっ》して世界《せかい》の常識《じょうしき》ではありません。

イスラム教徒《きょうと》だけではなく、キリスト教徒《きょうと》もそうだと思《おも》いますが、宗教《しゅうきょう》が生活《せいかつ》に密着《みっちゃく》している場合《ばあい》、親《おや》をはじめ周囲《しゅうい》の人《ひと》たちみんな、さらにテレビなども含《ふく》めて「神《かみ》さまが人間《にんげん》をつくった」と考《かんが》えているので、そう信《しん》じて疑《うたが》いません。私《わたし》も自分《じぶん》で考《かんが》えることもなく「神《かみ》さまが人間《にんげん》をつくった」とインプットされて育《そだ》ってきたので、学校《がっこう》で先生《せんせい》が進化論《しんかろん》の話《はなし》をしたときは、ほんとうに驚《おどろ》きました。それが事実《じじつ》なら、月《つき》にウサギが住《す》んでいるというのも、じつはほんとうなのかもしれないと思《おも》えました。

親《おや》から聞《き》いていたことと学校《がっこう》で教《おそ》わったことのちがいに、私《わたし》はとても悩《なや》みました。そして、長《なが》らく悩《なや》んだすえ、どうしていいのかわからなくなって、学校《がっこう》で仲良《なかよ》しだったひーちゃんに打《う》ち明《あ》けました。

「ひーちゃん、ちょっと聞《き》いてほしいの。言《い》いづらいんだけど、ずっと悩《なや》んでることがあって……。先生《せんせい》が人間《にんげん》の先祖《せんぞ》はサルだって言《い》ってたじゃん？　でも、ほんとはちがうの。うちのお父《とう》さんは、人間《にんげん》は神《かみ》さまがつくったって。だからサルはまちがいなんだって」

「そうなの？　知《し》らなかった！　うちの親《おや》もね、サルって言《い》ってたよ。でもナディちゃんは親友《しんゆう》だから信《しん》じるよ。神《かみ》さまがつくったんだよ、きっと！」

「ありがとう、ひーちゃん！　私《わたし》うれしい。すっきりしたよ！」

小学生《しょうがくせい》どうしの会話《かいわ》なので、笑《わら》ってしまうかもしれませんが、たったこれだけで私《わたし》の気持《きも》ちはとっても楽《らく》になりました。これ以後《いご》、クラスでサル信者《しんじゃ》(?!)があらわれても、私《わたし》は心《こころ》の中《なか》で「フフフッ！　ほんとは神《かみ》さまなのよ」とつぶやいていました。

その後《ご》、イスラム教《きょう》のお祈《いの》りの会《かい》に参加《さんか》したとき、コーランを読《よ》む担当《たんとう》のエグバーリさんに意《い》を決《けっ》して話《はな》しました。みんなは日本《にほん》の学校《がっこう》に通《かよ》っていないから進化論《しんかろん》を知《し》らないだけかもしれないし……と、どこかで思《おも》っていたからです。

「あの、質問《しつもん》があります。学校《がっこう》で先生《せんせい》が人間《にんげん》はサルから進化《しんか》したと言《い》っていて、神《かみ》さまがつくったんじゃないみたいなんですけど……どう考《かんが》えたらいいんでしょう」

するとエグバーリさんは、

「その進化《しんか》の原点《げんてん》をつくったのが神《かみ》さまだから、どっちの言《い》っていることもまちがっていないんだよ」

どちらの考《かんが》え方《かた》も否定《ひてい》しないエグバーリさんの答《こた》えを聞《き》いて、親《おや》も先生《せんせい》もまちがっていなかったんだ！　と、私《わたし》は2倍《ばい》すっきりしました。

CCSで受《う》けた気遣《きづか》いのあたたかさ

小学校《しょうがっこう》に入学《にゅうがく》したのとおなじころ、とてもうれしい出会《であ》いがありました。当時《とうじ》、日本《にほん》でも私《わたし》のような外国《がいこく》に文化的《ぶんかてき》ルーツをもつ子《こ》どもがふえてきたことを受《う》けて、会話《かいわ》や読《よ》み書《か》き、学校《がっこう》の勉強《べんきょう》のサポートをする学生主体《がくせいしゅたい》の団体《だんたい》「ＣＣＳ　世界《せかい》の子《こ》どもと手《て》をつなぐ学生《がくせい》の会《かい》」が発足《ほっそく》したのです。

私《わたし》たちきょうだいも、通《かよ》っていた日本語教室《にほんごきょうしつ》の紹介《しょうかい》で、このＣＣＳのサポートを受《う》けられることになりました。毎週土曜日《まいしゅうどようび》の午後《ごご》、市内《しない》のボランティアセンターまでバスで行《い》き、大学生《だいがくせい》のお兄《にい》さんやお姉《ねえ》さんに宿題《しゅくだい》を見《み》てもらいます。それだけではなく、リコーダーを教《おし》えてもらったり、運動会《うんどうかい》の前《まえ》には陸上部員《りくじょうぶいん》の大学生《だいがくせい》に走《はし》り方《かた》を教《おし》えてもらったりと、いろいろな学校生活《がっこうせいかつ》のサポートをしてもらいました。

日本人《にほんじん》のお兄《にい》さんお姉《ねえ》さんとの交流《こうりゅう》が、私《わたし》たち三《さん》きょうだいにはほんとうにうれしかったのです。まだ保育園児《ほいくえんじ》だったモハマは、毎週土曜日《まいしゅうどようび》を楽《たの》しみにしていて、大学生《だいがくせい》のお兄《にい》さんに肩車《かたぐるま》をしてもらったり、鬼《おに》ごっこをしてもらったりと、ここぞとばかりに遊《あそ》んでもらっていました。イランから持《も》ってきた、おめかし用《よう》の柄模様《がらもよう》の服《ふく》を着《き》ていくことが多《おお》かったので、ＣＣＳでは「歩《ある》くペルシャじゅうたん」なんてあだ名《な》がつきました。

はじめ私《わたし》は、お兄《にい》さんやお姉《ねえ》さんに迷惑《めいわく》をかけないように、モハマのお世話《せわ》をしていようと思《おも》いましたが、その必要《ひつよう》はありませんでした。ボランティアの大学生《だいがくせい》たちは、それぞれの子《こ》どもの家庭背景《かていはいけい》なども把握《はあく》していました。あとから知《し》ったことですが、私《わたし》については、ふだん家《いえ》では大人《おとな》なみにがんばっているから、CCSにいるときは子《こ》どもらしく遊《あそ》びに専念《せんねん》できるようにしようと、自然《しぜん》に環境《かんきょう》をつくってくれていたのでした。

夏休《なつやす》みにはサマーキャンプ、年末《ねんまつ》はイヤーエンドパーティーというイベントが企画《きかく》されました。サマーキャンプでは、みんなでカレーを作《つく》って食《た》べ、夜《よる》にはキャンプファイヤーと楽《たの》しいことがいっぱいでした。イスラム圏《けん》の子《こ》どものために鶏肉《とりにく》を用意《ようい》してくれたりと、私《わたし》たちへの気遣《きづか》いがたくさんありました。

イヤーエンドパーティーは、当初《とうしょ》クリスマスパーティーとして企画《きかく》されたものでしたが、「クリスマスってキリスト教《きょう》のイベントじゃないの?」「イスラム圏《けん》の子《こ》どもたちが、母文化《ぼぶんか》を否定《ひてい》された気持《きも》ちにならないかな」と話《はな》しあって、「クリスマス」と言《い》わず「イヤーエンド(年末《ねんまつ》)パーティー」に変《か》えてくれたのです。

両親《りょうしん》はいつも私《わたし》たちに、

「私《わたし》たちは日本《にほん》に住《す》まわせてもらっているんだ。日本《にほん》の人《ひと》たちに迷惑《めいわく》をかけないようにしなければいけないよ」

と教《おし》えてきました。自分《じぶん》から文化《ぶんか》のことを説明《せつめい》しなくても、日本《にほん》の人《ひと》たちからこんなふうに考《かんが》えてもらえたのははじめてのことで、ほんとうにうれしかったです。

同《おな》じイスラム教《きょう》でもルールがちがう！

ＣＣＳには、ほんとうにいろいろな国《くに》の子《こ》どもが参加《さんか》していました。中国《ちゅうごく》、ブラジル、コロンビア、アルゼンチン、マレーシアなどなど。マレーシア人《じん》のファラは、同《おな》じイスラム教徒《きょうと》でしたが、イランのイスラム教徒《きょうと》とはちがう風習《ふうしゅう》に驚《おどろ》いたことがありました。

ある夏《なつ》のキャンプで、散歩中《さんぽちゅう》の犬《いぬ》がいて、あまりのかわいさにみんなでなでていたのですが、ファラは遠《とお》くから見《み》ているだけでした。そして私《わたし》に、

「犬《いぬ》にさわるの？　お母《かあ》さんたちにだめって言《い》われなかった？」

と言《い》いました。私《わたし》の親《おや》はそんなことを言《い》ったことがありませんでした。

そういえば、イランでは羊飼《ひつじか》いが犬《いぬ》を飼《か》うことはあっても、ペットとして飼《か》うことはありませんでした。イランで「フランダースの犬《いぬ》」をお母《かあ》さんが見《み》たとき、「犬《いぬ》があんなに賢《かしこ》いなんて。アニメだから、魔法《まほう》みたいなものね」と言《い》っていたほどでした。日本《にほん》に来《き》てから、賢《かしこ》くてかわいい犬《いぬ》を見《み》て、アニメが事実《じじつ》だったと気《き》がついたくらい、犬《いぬ》になじみがなかったのです。

ファラと出会《であ》ったことで、同《おな》じイスラム教徒《きょうと》でも国《くに》によってルールがちがうことを私《わたし》は知《し》ったのでした。

CCSで、ひとつうらやましく思《おも》ったことは、同《おな》じ国《くに》の出身《しゅっしん》の子《こ》どうしが母語《ぼご》で話《はな》していたことです。当時《とうじ》、私《わたし》にはペルシャ語《ご》で話《はな》せる友《とも》だちがいませんでした。

学校《がっこう》に通《かよ》いはじめてから、私《わたし》たちきょうだいのあいだの会話《かいわ》は全部《ぜんぶ》日本語《にほんご》になり、しだいにお母《かあ》さんたちがペルシャ語《ご》で話《はな》しかけても、私《わたし》たちは日本語《にほんご》で返事《へんじ》をするようになっていきました。そして、私《わたし》たちはだんだんペルシャ語《ご》を忘《わす》れていったのです。

小学校《しょうがっこう》5年生《ねんせい》くらいのとき知《し》り合《あ》ったイラン人《じん》の家族《かぞく》は、私《わたし》たちと同世代《どうせだい》の子《こ》どもがいたのですが、家《いえ》の中《なか》でしゃべっていい言語《げんご》はペルシャ語《ご》だけというルールを決《き》めていました。その家《いえ》に呼《よ》ばれると、私《わたし》たちも例外《れいがい》なくルールを守《まも》らされました。そのため、私《わたし》たちは遊《あそ》ぶなかで少《すこ》しずつペルシャ語《ご》を思《おも》い出《だ》し、日常会話《にちじょうかいわ》くらいはできるようになりました。

私《わたし》はイラン人《じん》なんだ！

ＣＣＳでは、母文化《ぼぶんか》発表《はっぴょう》と称《しょう》して、自国《じこく》のことをクイズで発表《はっぴょう》する機会《きかい》がありました。自分《じぶん》のルーツの国《くに》の話《はなし》にみんなが耳《みみ》を傾《かたむ》けてくれるので、母文化《ぼぶんか》をみんなに知《し》ってもらうために問題《もんだい》を考《かんが》えたり、親《おや》にいろいろと質問《しつもん》をしたりして準備《じゅんび》をしました。

でも、やっぱり一歩《いっぽ》外《そと》に出《で》ると環境《かんきょう》はちがいました。当時《とうじ》は、イランから来《き》た労働者《ろうどうしゃ》が、日本《にほん》での仕事《しごと》を失《うしな》って公園《こうえん》にたむろしているとか、麻薬《まやく》や偽造《ぎぞう》テレホンカードなど犯罪《はんざい》に手《て》を染《そ》めて逮捕《たいほ》されたといった報道《ほうどう》ばかりがテレビで流《なが》れていたのです。私《わたし》たちもそれを知《し》っていたので、外《そと》ではイラン人《じん》であることを隠《かく》すこともありました。

ＣＣＳのみんなとピクニックに行《い》ったとき、知《し》らない男《おとこ》の子《こ》たちが、

「イラン人《じん》は悪《わる》いやつだから、国《くに》に帰《かえ》れ！」

と、私《わたし》に言《い》ってきたことがありました。胸元《むなもと》に貼《は》ってあった、国名《こくめい》と名前《なまえ》を書《か》いた名札《なふだ》を見《み》たようです。私《わたし》は泣《な》きながら、

「みんなが悪《わる》いやつじゃないもん！　私《わたし》は悪《わる》いことなんかしてないよ！」

と言《い》い返《かえ》し、気《き》がついたCCSのお姉《ねえ》さんが助《たす》けに入《はい》ってくれました。お姉《ねえ》さんに叱《しか》られても、彼《かれ》らは謝《あやま》ることなく行《い》ってしまいました。泣《な》いている私《わたし》を見《み》て、ほかのみんなも傷《きず》ついていました。このとき以来《いらい》、CCSでは外出《がいしゅつ》する際《さい》、名札《なふだ》に国名《こくめい》を書《か》かなくなったそうです。

CCSの発起人《ほっきにん》である豊島《としま》さんは、外国《がいこく》に文化的背景《ぶんかてきはいけい》をもつ子《こ》どもたちが、それぞれの文化《ぶんか》をいつまでもたいせつにしてほしいと思《おも》い、いろいろな企画《きかく》を立《た》ててくれていました。私《わたし》たちきょうだいがイラン人《じん》であることを恥《は》ずかしく思《おも》わなくてすむように、よくイランに関係《かんけい》したことを教《おし》えてくれました。

「おまえら知《し》ってるか？　ガラスっていうのは昔《むかし》イランで発明《はつめい》されたんだ。だから、このコップの先祖《せんぞ》も元《もと》はイランなんだぞ！」

「えぇぇー！　知《し》らなかった！　イランもすごいんだね！」

イランにまつわる写真展《しゃしんてん》などがあれば連《つ》れていってくださって、私《わたし》たちにイランの文化《ぶんか》や歴史《れきし》、魅力《みりょく》を思《おも》い出《だ》させてくれました。イランのことは日本《にほん》の教科書《きょうかしょ》にほとんど出《で》てこないので、豊島《としま》さんの心遣《こころづか》いはとてもうれしかったです。

当時《とうじ》、私《わたし》たちの街《まち》に住《す》む外国人《がいこくじん》は少《すく》なく、外国人《がいこくじん》の子《こ》どもはもっと少《すく》ないので、とても目立《めだ》ちました。バスや電車《でんしゃ》の中《なか》でも、歩《ある》いているだけでも周囲《しゅうい》の視線《しせん》を感《かん》じ、子《こ》どもに指《ゆび》をさされることもありました。こうした状況《じょうきょう》にはいつまでも慣《な》れず、恥《は》ずかしい気持《きも》ちは消《き》えませんでした。

「日本語《にほんご》も話《はな》せるし、読《よ》み書《か》きもできるようになったのに。このまま日本《にほん》で暮《く》らしていても、私《わたし》たちはいつまでも『ガイジン』なのかな……」

「いやいや、私《わたし》はイラン人《じん》なんだから、日本《にほん》では目立《めだ》って当然《とうぜん》！」

という、二《ふた》つの気持《きも》ちがいつも頭《あたま》の中《なか》にありました。どちらかといえば、自分《じぶん》の中《なか》で「私《わたし》はイラン人《じん》だから」の割合《わりあい》をがんばって大《おお》きくして、周囲《しゅうい》の視線《しせん》に対抗《たいこう》していたように思《おも》います。

コラム3

お母《かあ》さんのこと

私《わたし》のお母《かあ》さんはイランのタブリズという地域《ちいき》で生《う》まれ育《そだ》ちました。日本《にほん》に来《く》る前《まえ》、親戚《しんせき》からは「あなた、ぜったいに日本《にほん》なんかの大都会《だいとかい》でやっていけないわよ！」と心配《しんぱい》されていました。実際《じっさい》、イスラム教《きょう》の決《き》まりのもと、親戚《しんせき》や家族以外《かぞくいがい》の男性《だんせい》と接《せっ》することが少《すく》なかったお母《かあ》さんは当初《とうしょ》、工場《こうじょう》の社長《しゃちょう》さんや同僚《どうりょう》に話《はな》しかけられるたび、何《なに》かされるのではとドキドキしていたようです。

しかし、そんなことを言《い》っていた親戚一同《しんせきいちどう》もびっくりするほど、日本《にほん》に来《き》てからのお母《かあ》さんの適応能力《てきおうのうりょく》といったらすごいものがありました。自転車《じてんしゃ》も、当初《とうしょ》お父《とう》さんに「おまえには無理《むり》だよ」と笑《わら》い飛《と》ばされながら、私《わたし》が教《おし》えると乗《の》れるようになりました。職場《しょくば》で仲良《なかよ》くなったフィリピン人《じん》の人《ひと》たちにすすめられ、家族《かぞく》でだれよりも早《はや》くiPhoneを手《て》にすると、大好《だいす》きな日本料理《にほんりょうり》を食《た》べる前《まえ》にかならず写真《しゃしん》を撮《と》り、SNSに投稿《とうこう》しています。

職場《しょくば》ではリーダーに任命《にんめい》されて、上司《じょうし》や同僚《どうりょう》から信頼《しんらい》を寄《よ》せられています。通勤中《つうきんちゅう》に自転車《じてんしゃ》で転《ころ》んだときも、「急《きゅう》に休《やす》んでラインを空《あ》けちゃいけない！」と痛《いた》みをこらえて出勤《しゅっきん》し、あとで心配《しんぱい》されて病院《びょういん》に行《い》ったら鎖骨《さこつ》を骨折《こっせつ》していたことがありました。また、夜中《よなか》の0時《じ》をすぎて帰《かえ》ってきたかと思《おも》うと、1時《じ》すぎに「機械《きかい》を止《と》め忘《わす》れてきたかもしれないから、行《い》って見《み》てくる！」と言《い》いだし、車《くるま》で送《おく》ってあげたこともありました。責任感《せきにんかん》が強《つよ》く、だれにでも優《やさ》しいことから、職《しょく》場《ば》ではクリスチャンの外国人《がいこくじん》たちから「マリア様《さま》みたい」と言《い》われているそうです。

こんなお母《かあ》さんのいまの目標《もくひょう》は、運転免許《うんてんめんきょ》を取得《しゅとく》することです。日本語教室《にほんごきょうしつ》にも通《かよ》いだし、熱《ねっ》心《しん》に勉強《べんきょう》をしています。

「28年《ねん》も住《す》んでいたのに、なんでもっと早《はや》く教室《きょうしつ》に通《かよ》わなかったのかしら！　そこそこ話《はな》せていると思《おも》っていたのに、まちがいだらけだって、いまになって知《し》ったわ」と反省《はんせい》しているようですが、とても楽《たの》しそうに勉強《べんきょう》しています。

第4章

日本《にほん》で胸《むね》をはって暮《く》らしたい！

中学《ちゅうがく》に進学《しんがく》できないかも？

小学校《しょうがっこう》に通《かよ》いはじめて以来《いらい》、ビザがないことや文化《ぶんか》のちがいに起因《きいん》するさまざまな問題《もんだい》をかかえながらも、私《わたし》は先生《せんせい》や友《とも》だちの助《たす》けを借《か》り、ときには折《お》り合《あ》いをつけるために交渉《こうしょう》もしながら、学校生活《がっこうせいかつ》に慣《な》れ、みんなと一緒《いっしょ》に進級《しんきゅう》していきました。

卒業《そつぎょう》をひかえた小学《しょうがく》6年《ねん》の1月《がつ》になると、市役所《しやくしょ》から、中学校《ちゅうがっこう》への入学《にゅうがく》を案内《あんない》するはがきがそれぞれの家《いえ》に届《とど》きだしました。どこの中学《ちゅうがく》に通《かよ》うのか、どんな制服《せいふく》か、何色《なにいろ》のジャージなのか、どの部活動《ぶかつどう》に入《はい》るかなどなど、クラスの中《なか》は中学校《ちゅうがっこう》の話《はなし》で持《も》ちきりです。みんなと同《おな》じように中学《ちゅうがく》生《せい》になることを楽《たの》しみにしていた一方《いっぽう》で、私《わたし》はとても不安《ふあん》になりました。

（ビザがない私《わたし》には、はがきが来《こ》ないかもしれない。そしたらどうしよう……）

仲良《なかよ》しのみーちゃんやひーちゃんにもはがきが届《とど》いたそうです。だれにも相談《そうだん》できないまま、私《わたし》の不安《ふあん》は増《ま》すばかりです。

（このまま私《わたし》だけにはがきが来《こ》なかったら、イランに帰《かえ》って、そしたらまた一《いち》からやり直《なお》しになるのかな……。これまでがんばったのに、残念《ざんねん》だけどしかたないのかな……）

そう考《かんが》えていたのですが、さいわいそれは杞憂《きゆう》でした。たまたま私《わたし》が最後《さいご》だっただけで、はがきは届《とど》いたのです。うれしくて私《わたし》はすぐにお母《かあ》さんに話《はな》し、お父《とう》さんも喜《よろこ》んでくれました。こうして、晴《は》れて私《わたし》は、みーちゃんやひーちゃんと一緒《いっしょ》に制服《せいふく》の採寸《さいすん》に行《い》き、入学式《にゅうがくしき》を待《ま》つばかりとなりました。

ブルマの悲劇《ひげき》ふたたび

中学《ちゅうがく》に入《はい》ったら私《わたし》はバレーボール部《ぶ》に入《はい》るつもりでした。ところが、新入生歓迎会《しんにゅうせいかんげいかい》の部活紹介《ぶかつしょうかい》のとき、バレーボール部《ぶ》の先輩《せんぱい》たちを見《み》て驚《おどろ》きました。ユニフォームがブルマだったからです。小学校《しょうがっこう》からジャージをはいてきた私《わたし》は、クリアしたはずのブルマ問題《もんだい》がふたたび中学《ちゅうがく》で……。もうブルマには戻《もど》れないので、バレーボール部《ぶ》への入部《にゅうぶ》はあきらめました。

よく考《かんが》えてみると、小学校《しょうがっこう》のときと同《おな》じように、顧問《こもん》の先生《せんせい》に相談《そうだん》すればよかったのかもしれないですよね。じつは私《わたし》も一度《いちど》は相談《そうだん》しようと思《おも》ったのですが、さすがに部《ぶ》の公式《こうしき》ユニフォームを、私《わたし》の都合《つごう》で変《か》えることはできないと思《おも》ったのです。公式戦《こうしきせん》は同一衣装《どういついしょう》と決《き》められていて、私《わたし》だけ別《べつ》ユニフォームでは試合《しあい》に出《で》られないのです。

そんなわけで、交渉《こうしょう》することもなく別《べつ》の部活動《ぶかつどう》を探《さが》しました。そんな私《わたし》の目《め》に、白地《しろじ》に赤《あか》いストライプが入《はい》った、裾《すそ》の長《なが》いユニフォームを着《き》た女子《じょし》たちのすがたが映《うつ》ったのです。それはソフトボール部《ぶ》でした。ソフトボールなら、公式《こうしき》ユニフォームがズボンなので迷《まよ》うことは何《なに》もありません。私《わたし》はソフトボール部《ぶ》に入《はい》ると決《き》めました。うれしいことに、小学校《しょうがっこう》から一緒《いっしょ》のみーちゃんとひーちゃんもソフトボール部《ぶ》に入《はい》ろうとしていたので、私《わたし》はもっと喜《よろこ》びました。

でも、このときのブルマ問題《もんだい》は、中学生《ちゅうがくせい》になった私《わたし》の気持《きも》ちを変《か》えたのでした。

(まわりの友《とも》だちは、バレー部《ぶ》がいいと思《おも》えばバレー部《ぶ》に入《はい》れるし、ソフトボールがいいと思《おも》えばソフトボール部《ぶ》に入《はい》れる。なんで私《わたし》だけ、ユニフォームの問題《もんだい》で部活《ぶかつ》を好《す》きに選《えら》べないんだろう?)

小学生《しょうがくせい》のときは、自分《じぶん》はイスラム教徒《きょうと》だと納得《なっとく》していたのに、自分《じぶん》だけがちがうことに疑問《ぎもん》というか、心《こころ》のひっかかりをもつようになりました。

(私《わたし》はみんなとちがうんだ)

（勉強《べんきょう》は追《お》いついたけど、ここから先《さき》は何《なに》も追《お》いつけないんだ）

（私《わたし》はずっとガイジンで、日本人《にほんじん》じゃないんだ……）

そんなふうに、頭《あたま》の中《なか》でぐるぐる考《かんが》えつづけるようになっていったのでした。

悲《かな》しみのクルクルヘアー

中1《ちゅう》のころ、女子《じょし》のあいだではストレートヘアーが流行《りゅうこう》でした。「すてきなパーマですね」とほめられる私《わたし》の髪《かみ》も、みんながサラサラヘアーにあこがれた当時《とうじ》は悲《かな》しみの象徴《しょうちょう》でした。鏡《かがみ》を見《み》るたびに、

（もっとまっすぐだったらよかったのに……）

と思《おも》ったものです。ヘアピンでまっすぐになるように固定《こてい》したり、お風呂上《ふろあ》がりにドライヤーで伸《の》ばしたり、薬局《やっきょく》で薬剤《やくざい》を買《か》ってきて試《ため》したりしましたが、すべて不発《ふはつ》に終《お》わりました。同級生《どうきゅうせい》たちはドライヤーや薬剤《やくざい》でほぼストレートヘアーになるのに、私《わたし》の天《てん》パーは、どんな方法《ほうほう》にも負《ま》けることなくクルクルのままでした。それを不憫《ふびん》に思《おも》ったお母《かあ》さんが、美容院《びよういん》でストレートパー

マをかけさせてくれることになりました。

「やったー！　やっとまっすぐになったー！」

1万円《まんえん》も出《だ》してストパーをかけた次《つぎ》の日《ひ》、いつもは結《むす》んでいた長《なが》い髪《かみ》を下《お》ろしてみんなに披露《ひろう》していた私《わたし》のところに、先生《せんせい》が来《き》ました。

「ナディさん、ストパーかけるって聞《き》いたんだけど、校則違反《こうそくいはん》だからだめですよ」

「……もうかけちゃいましたけど（どう見《み》てもまっすぐじゃん！）」

「えっ？　それ？　それぐらいなら、いっか。今後《こんご》も校則違反《こうそくいはん》には気《き》をつけてね」

日本人向《にほんじんむ》けの薬品《やくひん》も私《わたし》には通用《つうよう》せず、私《わたし》の髪《かみ》は結局《けっきょく》クルクルのままだったのです。宗教《しゅうきょう》だけではなく、見《み》た目《め》の面《めん》でも、どうあがいても自分《じぶん》は外国人《がいこくじん》のままなんだと痛感《つうかん》した一件《いっけん》でした。でも、ほんとうはみんなと一緒《いっしょ》になりたかったのです。

私《わたし》の中学《ちゅうがく》ではこんなふうでしたが、学校《がっこう》によっては、もともと髪《かみ》が茶色《ちゃいろ》い生徒《せいと》や天然《てんねん》パーマの生徒《せいと》に「地毛証明書《じげしょうめいしょ》」を出《だ》させたり、黒《くろ》く染《そ》めさせたりすることもあると聞《き》きます。持《も》って生《う》まれた身体的特徴《しんたいてきとくちょう》を無理《むり》に変《か》えさせるようなルールは、時代《じだい》に合《あ》わないのではないでしょうか。一人《ひとり》ひとりがちがうことを前提《ぜんてい》に、それを認《みと》めあうことを学《まな》べる場《ば》が学校《がっこう》であってほしいと思《おも》います。

右《みぎ》ひざの靭帯断裂《じんたいだんれつ》

次《つぎ》の悲劇《ひげき》が起《お》こります。学校《がっこう》の階段《かいだん》で転《ころ》んで、右《みぎ》ひざを痛《いた》めてしまったのでした。このときはすぐに病院《びょういん》に連《つ》れて行《い》かれましたが、やはり通院《つういん》はしませんでした。このひざの痛《いた》みはとても長《なが》いあいだつづき、その後《ご》の部活《ぶかつ》や日常生活《にちじょうせいかつ》でも、ひざをひねってしまうことがたびたびありましたが、治療費《ちりょうひ》がかさむのがいやで、なかなか病院《びょういん》には行《い》きませんでした。

中《ちゅう》3になって、あまりに痛《いた》みがひどくなったため、知《し》り合《あ》いの紹介《しょうかい》で、診察費《しんさつひ》が安《やす》い接骨院《せっこついん》へ連《つ》れていってもらいました。接骨院《せっこついん》の先生《せんせい》は私《わたし》のひざに手《て》を当《あ》て、いろいろな角度《かくど》に曲《ま》げていましたが、そのうち、

「おーい、ちょっとこっちに来《き》てごらん」

と、研修生《けんしゅうせい》のような人《ひと》たちを呼《よ》び、

「靭帯《じんたい》が切《き》れてるのがよくわかるよね。ふつうは、ここまで上《あ》がらないいんだよ」

と教《おし》えたのです。どうやら私《わたし》の右《みぎ》ひざは靭帯《じんたい》が切《き》れていたようでした。しかも、それはかなりひどい状態《じょうたい》だったようで、研修生《けんしゅうせい》たちにはいい見本《みほん》になったみたいです。さらに、痛《いた》い右《みぎ》ひざをかばって歩《ある》いていたせいで、左《ひだり》ひざにも負担《ふたん》がかかっているとのことでした。

「右《みぎ》ひざは40代半《だいなか》ばくらい、左《ひだり》ひざは30代《だい》くらいになってるね」

15歳《さい》の私《わたし》はそう言《い》われて、泣《な》きそうになってしまいました。

健康保険《けんこうほけん》に加入《かにゅう》できて、病院《びょういん》にまめに通《かよ》えていれば、靭帯《じんたい》が切《き》れるほどにならなかったのかなあ……と思《おも》うことはあります。私《わたし》の右《みぎ》ひざはいまでも、雨《あめ》の日《ひ》や季節《きせつ》の変《か》わり目《め》や、乾燥《かんそう》する時期《じき》にはじりじり痛《いた》んだり、階段《かいだん》や自転車《じてんしゃ》に乗《の》っているときに負荷《ふか》がかかると突然《とつぜん》ひねったりすることがあります。でも、後《あと》の祭《まつ》りなので、いまはあまり考《かんが》えないようにしています。

引《ひ》っ越《こ》しの苦労《くろう》

私《わたし》が中学《ちゅうがく》2年《ねん》になったころ、長《なが》らく住《す》んだ長屋《ながや》から引《ひ》っ越《こ》すことをお母《かあ》さんが考《かんが》えはじめました。あまりに家《いえ》が古《ふる》いので、私《わたし》たちが恥《は》ずかしく思《おも》っているのをかわいそうに思《おも》ったのです。

家賃《やちん》の心配《しんぱい》があるので、工場《こうじょう》の社長《しゃちょう》さんに相談《そうだん》すると、
「お給料《きゅうりょう》を上《あ》げるから、引《ひ》っ越《こ》したらいい」
と言《い》ってくれたそうで、それも励《はげ》みになり、引《ひ》っ越《こ》し先《さき》を探《さが》した結果《けっか》、近《ちか》くに二階建《にかいだ》ての賃貸物《ちんたいぶっ》件《けん》が見《み》つかったのでした。

最初《さいしょ》にその家《いえ》を紹介《しょうかい》してくれた不動産屋《ふどうさんや》さんは、私《わたし》たちにビザがないとわかると、急《きゅう》に「貸《か》せない」と言《い》いだし、連絡《れんらく》も取《と》ってくれなくなりました。でも、どうしてもその家《いえ》がよかったので、お父《とう》さんはほかの不動産屋《ふどうさんや》さんを訪《たず》ね歩《ある》きました。そして、そのうちの一軒《いっけん》が、ビザがなくても相談《そうだん》に乗《の》ってくれたのです。

その不動産屋《ふどうさんや》さんの話《はなし》では、私《わたし》たちが気《き》に入《い》った物件《ぶっけん》の大家《おおや》さんはよく海外《かいがい》に行《い》く方《かた》で、イランにも行《い》ったことがあり、親切《しんせつ》にされた記憶《きおく》があるので、日本《にほん》にいるイラン人《じん》に貸《か》せるのを喜《よろこ》んでくれたというのです。そして、なんと家賃《やちん》も少《すこ》し安《やす》くしてくれたのです。

こうして、私《わたし》が中学《ちゅうがく》2年《ねん》の7月《がつ》、およそ8年《ねん》住《す》んだ長屋《ながや》から、この二階建《にかいだ》ての家《いえ》に引《ひ》っ越《こ》したのでした。

当時《とうじ》もですが、現在《げんざい》でも、外国人《がいこくじん》が日本《にほん》で家《いえ》を借《か》りる場合《ばあい》にはとても苦労《くろう》します。適正《てきせい》なビザ

があっても、外国人《がいこくじん》だというだけで物件《ぶっけん》を紹介《しょうかい》してくれない場合《ばあい》が多《おお》いのです。超過滞在《ちょうかたいざい》している私《わたし》たち家族《かぞく》の場合《ばあい》はさらに話《はなし》がむずかしくなり、今回《こんかい》の不動産屋《ふどうさんや》さんや大家《おおや》さんが好意的《こういてき》な人《ひと》でなければ、ぜったいに借《か》りられなかったと思《おも》います。

お母《かあ》さん、仕事《しごと》やめるってよ

ところが、引《ひ》っ越《こ》しが済《す》んでから問題《もんだい》が起《お》きました。引《ひ》っ越《こ》してから5か月《げつ》がすぎても、社長《しゃちょう》さんが約束通《やくそくどお》りお給料《きゅうりょう》を上《あ》げてくれないのです。貯金《ちょきん》も減《へ》ってきて、私《わたし》が中《ちゅう》3になったら受験《じゅけん》のために塾《じゅく》に通《かよ》いたいと言《い》っていたこともあり、お母《かあ》さんは焦《あせ》りました。そして社長《しゃちょう》さんに、いつになったらお給料《きゅうりょう》を上《あ》げてくれるのかと尋《たず》ねたところ、返《かえ》ってきた返事《へんじ》は、

「お給料《きゅうりょう》を上《あ》げると口《くち》では言《い》ったが、ほんとうの約束《やくそく》はしていない」

ということでした。

お母《かあ》さんはとてもショックでした。日本《にほん》に来《き》てから9年間《ねんかん》、ずっと同《おな》じ職場《しょくば》で働《はたら》き、仕事《しごと》も覚《おぼ》え、工場《こうじょう》では必要《ひつよう》とされる存在《そんざい》になっていたのに、社長《しゃちょう》さんにそんな態度《たいど》をとられて、とても傷《きず》

ついたのです。そして、その月《つき》のうちにお母《かあ》さんは工場《こうじょう》を辞《や》めてしまいました。

一方《いっぽう》、お父《とう》さんは、

「どんなに給料《きゅうりょう》が少《すく》なくたって、ビザがないんだからしかたない。いま辞《や》めたって、かわりの仕《し》事《ごと》を見《み》つけるほうが大変《たいへん》だ」

と言《い》って、同《おな》じ工場《こうじょう》で働《はたら》きつづけました。

それから毎日家《まいにちいえ》にいるようになったお母《かあ》さんは、精神的《せいしんてき》にも追《お》いつめられているようすでした。電気代《でんきだい》がかさむからと言《い》って暗《くら》い部屋《へや》にひとりでいたり、突然泣《とつぜんな》き出《だ》したり、私《わたし》たちも見《み》ていてさびしくなりました。大《おお》きい家《いえ》で暮《く》らしたいなんて言《い》わなければよかったと思《おも》いました。

そんなとき、同《おな》じように在留期限《ざいりゅうきげん》が切《き》れているバングラデシュ人家族《じんかぞく》のおじさんが、お母《かあ》さんに仕事《しごと》を紹介《しょうかい》してくれたのでした。そのおじさんが昔勤《むかしつと》めていた工場《こうじょう》を紹介《しょうかい》してくれたのです。

昔《むかし》、そのおじさんの奥《おく》さんに、お父《とう》さんの勤《つと》め先《さき》を紹介《しょうかい》したことがあったのですが、今度《こんど》は逆《ぎゃく》の立場《たちば》になりました。不況《ふきょう》で仕事《しごと》が少《すく》ないなかでしたが、お母《かあ》さんはその工場《こうじょう》で採用《さいよう》してもらい、また働《はたら》けるようになりました。さらに次《つぎ》の月《つき》には、お父《とう》さんも同《おな》じ工場《こうじょう》に移《うつ》って働《はたら》きはじめたのでした。

「在留特別許可《ざいりゅうとくべつきょか》」という道《みち》がある！

中学《ちゅうがく》2年生《ねんせい》の冬《ふゆ》になると、クラスメイトたちのあいだでも高校受験《こうこうじゅけん》のことが話題《わだい》にのぼりはじめました。仲《なか》のよかったみーちゃんも塾《じゅく》に通《かよ》うことになりました。

そして、みーちゃんのお母《かあ》さんは、わざわざ家《いえ》に来《き》て、私《わたし》のお母《かあ》さんに受験《じゅけん》や塾《じゅく》のことについて説明《せつめい》してくれたのでした。高校受験《こうこうじゅけん》はたいせつで、その後《ご》の大学受験《だいがくじゅけん》まで影響《えいきょう》することや、塾《じゅく》でのサポート態勢《たいせい》や料金《りょうきん》のことなども。両親《りょうしん》は、お金《かね》に余裕《よゆう》はないけれど、勉強《べんきょう》のためなら塾《じゅく》に通《かよ》ってもいいと許可《きょか》してくれました。

そんなころ、知《し》り合《あ》いのイラン人《じん》から、ファックスでひとつの新聞記事《しんぶんきじ》が送《おく》られてきました。そこには「在留特別許可《ざいりゅうとくべつきょか》を求《もと》める外国人家族《がいこくじんかぞく》が入国管理局《にゅうこくかんりきょく》に一斉出頭《いっせいしゅっとう》」と書《か》かれていました。

さらに、同《おな》じ日《ひ》の夜《よる》には、みーちゃんのお母《かあ》さんが同《おな》じ記事《きじ》を持《も》って家《いえ》に来《き》てくれて、

「ナディちゃんの家族《かぞく》も、これでビザがもらえるかもしれない」

と教《おし》えてくれたのです。

「在留特別許可《ざいりゅうとくべつきょか》？」

それが何《なに》を意味《いみ》する言葉《ことば》なのか、最初《さいしょ》は家族《かぞく》のだれもわかりませんでした。その記事《きじ》によれば、超過滞在《ちょうかたいざい》になっている外国人《がいこくじん》でも、特別《とくべつ》に法務省《ほうむしょう》が認《みと》めたときは、法務大臣《ほうむだいじん》による在留特別許可《ざいりゅうとくべつきょか》というものが与《あた》えられて、合法的《ごうほうてき》に日本《にほん》で暮《く》らせるようになる可能性《かのうせい》があるとのことです。「特別《とくべつ》に」というのは、たとえば日本《にほん》で子《こ》どもが生《う》まれて、その子《こ》は日本語《にほんご》しか話《はな》せず、両親《りょうしん》の国《くに》に強《きょう》制送還《せいそうかん》されてもとても生活《せいかつ》していけない、といったやむをえない事情《じじょう》があると認《みと》められる場合《ばあい》、ということです。

しかし、そのためには入国管理局《にゅうこくかんりきょく》に名乗《なの》り出《で》て、さまざまな審査《しんさ》をうけなくてはなりません。審査《しんさ》の結果《けっか》、在留特別許可《ざいりゅうとくべつきょか》が認《みと》められなければ強制送還《きょうせいそうかん》となります。つまり、イチかバチかの賭《か》けのようなものでした。

日本《にほん》に来《き》て以来《いらい》、ビザがないことは隠《かく》しつづけるしかないことだと思《おも》っていました。そして、自分《じぶん》たち以外《いがい》には、こんなに長《なが》く日本《にほん》に住《す》みつづけている外国人《がいこくじん》はいないと思《おも》っていたのです。しかし、新聞記事《しんぶんきじ》にもあるように、実際《じっさい》にはほかにも超過滞在《ちょうかたいざい》のまま家族《かぞく》で暮《く》らしている人《ひと》はいて、その中《なか》には日本《にほん》で子《こ》どもを生《う》んだ人《ひと》たちもいたのです。

ビザがないまま生活《せいかつ》するということは、言《い》ってみれば、一寸先《いっすんさき》がわからない生活《せいかつ》が何年《なんねん》もつづくということです。どれだけ日本《にほん》になじむ努力《どりょく》をしても、その結果《けっか》として日本《にほん》の人《ひと》たちに受《う》け入《い》れてもらえたと思《おも》っていても、強制送還《きょうせいそうかん》になってしまえばすべての努力《どりょく》が水《みず》の泡《あわ》です。

中学生《ちゅうがくせい》の私《わたし》も、いつ強制送還《きょうせいそうかん》になるかわからないなかで受験勉強《じゅけんべんきょう》をつづけていました。日本《にほん》の高校《こうこう》に入《はい》れても、もしイランに帰《かえ》されることになったらすべて台無《だいな》しです。ほかの家族《かぞく》の中《なか》には、いつか強制送還《きょうせいそうかん》されたときにも現地《げんち》で子《こ》どもが生《い》きていけるようにと、大使館《たいしかん》で母語《ぼご》を学《まな》ばせている親《おや》もいました。

いつか突然《とつぜん》、振《ふ》り出《だ》しに戻《もど》される日《ひ》がくる。それがいつかはわからないけど、とりあえず目《め》の前《まえ》のことはきちんとやろう……そんな気持《きも》ちで日々《ひび》をすごしていても、しだいに不安《ふあん》が積《つ》もるのです。そして、

(もうこれ以上《いじょう》、不法滞在《ふほうたいざい》でいるのはいやだ。だめなら早《はや》いうちにイランに戻《もど》って、一《いち》から勉強《べんきょう》しなくちゃ暮《く》らしていけない!)

と思《おも》うようになります。

出頭《しゅっとう》する(法務省《ほうむしょう》に行《い》って自分《じぶん》たちの存在《そんざい》を伝《つた》えること)ということは、合法的《ごうほうてき》に日本《にほん》にいられる

か、それとも強制送還《きょうせいそうかん》かの判断《はんだん》を国《くに》に任《まか》せることを意味《いみ》します。自分《じぶん》たちだけで判断《はんだん》できるなら、もちろん日本《にほん》にいたい。このまま勉強《べんきょう》をつづけたい。でも、超過滞在《ちょうかたいざい》という立場《たちば》は、自分《じぶん》の努力《どりょく》では永遠《えいえん》に変《か》えることはできません。

そういう出口《でぐち》のない状況《じょうきょう》のもとで、なんとか前向《まえむ》きな未来《みらい》を考《かんが》えるために、私《わたし》たち家族《かぞく》は在留《ざいりゅう》特別許可《とくべつきょか》という可能性《かのうせい》に賭《か》けてみることを選《えら》んだのでした。

入国管理局《にゅうこくかんりきょく》に出頭《しゅっとう》する日《ひ》

新聞記事《しんぶんきじ》にあった、外国人家族《がいこくじんかぞく》の一斉出頭《いっせいしゅっとう》を主導《しゅどう》したのは、外国人労働者《がいこくじんろうどうしゃ》を支援《しえん》するAPFSという市民団体《しみんだんたい》でした。私《わたし》が事務所《じむしょ》に電話《でんわ》をすると、たまたまイラン人《じん》のスタッフが電話《でんわ》に出《で》てくれたので、お母《かあ》さんが代《か》わって話《はなし》をしました。その人《ひと》は、

「来週《らいしゅう》、第二次《だいにじ》の出頭《しゅっとう》をしますから、すぐに準備《じゅんび》して一緒《いっしょ》に出頭《しゅっとう》しましょう!」

と言《い》いました。あまりの急展開《きゅうてんかい》に、私《わたし》の頭《あたま》は真《ま》っ白《しろ》です。日本《にほん》に居続《いつづ》けられるか、強制送還《きょうせいそうかん》になるかの分《わ》かれ道《みち》が、こんなに急《きゅう》にやってくるなんて思《おも》っていなかったのです。

次《つぎ》の日《ひ》、私《わたし》たちは学校《がっこう》と仕事《しごと》を休《やす》んで、家族《かぞく》でAPFSの事務所《じむしょ》に行《い》き、説明《せつめい》をうけました。第《だい》二次《にじ》の出頭《しゅっとう》は1週間後《しゅうかんご》に迫《せま》っていて、必要《ひつよう》な書類《しょるい》の準備《じゅんび》が間《ま》に合《あ》わないことがわかり、その次《つぎ》を考《かんが》えることになりました。

けれども、そのとき第一次《だいいちじ》・第二次《だいにじ》で出頭《しゅっとう》した10家族《かぞく》と単身者《たんしんしゃ》2名《めい》のうち、およそ半数《はんすう》は不許可《ふきょか》になってしまったのです。日本《にほん》に残《のこ》れることになった家族《かぞく》と、戻《もど》らなければいけない家族《かぞく》。その明暗《めいあん》の差《さ》はとほうもなく大《おお》きく、APFSのスタッフや支援《しえん》してきた弁護士《べんごし》の人《ひと》たちも悔《くや》しそうでした。

それでも、私《わたし》たち家族《かぞく》は在留特別許可《ざいりゅうとくべつきょか》に賭《か》ける判断《はんだん》を変《か》えませんでした。APFSと一緒《いっしょ》に法務省《ほうむしょう》や入国管理局《にゅうこくかんりきょく》に行《い》って、自分《じぶん》たちが日本《にほん》でまじめに暮《く》らしてきたことをアピールしたり、署《しょ》名活動《めいかつどう》をしたりもしました。

中学《ちゅうがく》3年《ねん》になり、高校受験《こうこうじゅけん》に向《む》けて塾《じゅく》にも通《かよ》いはじめました。部活動《ぶかつどう》の練習試合《れんしゅうじあい》もふえて、勉《べん》強《きょう》と部活《ぶかつ》、そしてAPFSの活動《かつどう》と、目《め》が回《まわ》るような忙《いそが》しさでした。

中学《ちゅうがく》3年《ねん》の7月《がつ》に、いよいよ出頭《しゅっとう》することが決《き》まりました。

週末《しゅうまつ》には、部活《ぶかつ》の引退試合《いんたいじあい》になる大会《たいかい》がひかえていたので、顧問《こもん》の先生《せんせい》は、ピッチャーの私《わたし》が試合《しあい》に出《で》られなくなったらどうしようと心配《しんぱい》していました。直前《ちょくぜん》まで投球練習《とうきゅうれんしゅう》をして、そのあとほかの外国人《がいこくじん》家族《かぞく》と一緒《いっしょ》に北区《きたく》（当時《とうじ》）の入国管理局《にゅうこくかんりきょく》へ向《む》かいました。

お母《かあ》さんは涙《なみだ》をこらえていました。私も泣きそうでしたが、まだ結果《けっか》が出《で》たわけではないから泣《な》くのは早《はや》いと思《おも》ってがまんしていました。建物《たてもの》の外《そと》からは、ほかの家族《かぞく》や支援者《しえんしゃ》の人《ひと》たちがハンドマイクで応援《おうえん》する声《こえ》が聞《き》こえていました。私《わたし》はお母《かあ》さんの手《て》をぎゅっと握《にぎ》り、唇《くちびる》をかんで耐《た》えました。

超過滞在《ちょうかたいざい》の外国人《がいこくじん》が入管《にゅうかん》に出頭《しゅっとう》した場合《ばあい》、ほんとうならその場《ば》で拘束《こうそく》されてしまうはずですが、私《わたし》たちは保証金《ほしょうきん》を納《おさ》めることで、拘束《こうそく》しないでもらえるようにお願《ねが》いしていました。もしもお父《とう》さんが強制送還《きょうせいそうかん》されてしまったら、家族《かぞく》は離《はな》れ離《ばな》れになるか、イランに戻《もど》ってゼロからの暮《く》らしになります。不安《ふあん》は募《つの》りましたが、さいわい、その場《ば》ではだれも拘束《こうそく》されずにすみました。

「私《わたし》たちはもっと勉強《べんきょう》をがんばるので、いい結論《けつろん》を出《だ》してください。どんなに時間《じかん》がかかってもいいので、しっかり考《かんが》えてください。お願《ねが》いします」

建物《たてもの》の外《そと》からハンドマイクで呼《よ》びかけて、その長《なが》い長《なが》い一日《いちにち》は終《お》わりました。

不安《ふあん》とたたかう日々《ひび》

出頭《しゅっとう》を終《お》えた私《わたし》たち家族《かぞく》は、入管《にゅうかん》による審査《しんさ》を待《ま》ちながら生活《せいかつ》することになりました。いつ強制送還《きょうせいそうかん》されるかわからない状態《じょうたい》でしたが、それとは無関係《むかんけい》に迫《せま》ってくる高校受験《こうこうじゅけん》に向《む》けて、私《わたし》は必死《ひっし》に勉強《べんきょう》しました。

私《わたし》とみーちゃんの通《かよ》った塾《じゅく》は、地域《ちいき》でも厳《きび》しいと有名《ゆうめい》で、終《お》わるのが夜《よる》の0時《じ》を回《まわ》ることもしばしばありました。女《おんな》の子《こ》が遅《おそ》くに自転車《じてんしゃ》で帰《かえ》るのは危《あぶ》ないからと、みーちゃんのご両親《りょうしん》がいつも一緒《いっしょ》に車《くるま》で送《おく》ってくれました。私《わたし》のお母《かあ》さんも心配《しんぱい》していたので、みーちゃんのご両親《りょうしん》の気遣《きづか》いはほんとうにうれしく、その厚意《こうい》に報《むく》いるためにも、ぜったいに合格《ごうかく》しなくちゃと私《わたし》は思《おも》いました。

受験勉強《じゅけんべんきょう》も大詰《おおづ》めになると、合格《ごうかく》できなかったらどうしようという不安《ふあん》とともに、ここでいきなり強制送還《きょうせいそうかん》されたら……という不安《ふあん》が大《おお》きくなりました。これまでの努力《どりょく》も、両親《りょうしん》やみーちゃんの家族《かぞく》の気持《きも》ちも、ぜんぶ水《みず》の泡《あわ》になってしまう。そのことばかり考《かんが》えてしまいました。

合格《ごうかく》すれば、入管《にゅうかん》や法務省《ほうむしょう》の人《ひと》たちにも、自分《じぶん》が日本《にほん》で勉強《べんきょう》していきたいということをわかってもらえるかもしれない。逆《ぎゃく》に、もし受験《じゅけん》に失敗《しっぱい》したら在留特別許可《ざいりゅうとくべつきょか》もおりないかもしれない……と、またプレッシャーになりました。同級生《どうきゅうせい》たちも受験勉強《じゅけんべんきょう》に追《お》われるなかで、私《わたし》の不安《ふあん》はだれにも言《い》えず、その思《おも》いをぶつけるように毎日遅《まいにちおそ》くまで机《つくえ》に向《む》かって問題集《もんだいしゅう》を解《と》きました。

高校合格《こうこうごうかく》の喜《よろこ》び

そんな必死《ひっし》の勉強《べんきょう》のかいあってか、私《わたし》は第一志望《だいいちしぼう》の公立高校《こうりつこうこう》に合格《ごうかく》することができました。みーちゃんも同《おな》じ高校《こうこう》に合格《ごうかく》して、二人一緒《ふたりいっしょ》に通《かよ》えることが、ほんとうにうれしかったです。あこがれだった高校《こうこう》の制服《せいふく》が着《き》られるのも楽《たの》しみでした。

もうひとつ楽《たの》しみにしていたことがありました。合格《ごうかく》したら、両親《りょうしん》は私《わたし》に携帯電話《けいたいでんわ》を買《か》ってくれると言《い》っていたのです。中高生《ちゅうこうせい》でも携帯電話《けいたいでんわ》を持《も》つようになったころで、まわりの友《とも》だちの多《おお》くは、高校合格《こうこうごうかく》と同時《どうじ》に買《か》ってもらえたのでした。

でも、携帯電話《けいたいでんわ》の契約《けいやく》をするのにも在留資格《ざいりゅうしかく》がなければだめだったのです。中学卒業《ちゅうがくそつぎょう》をひかえ、ばらばらになってしまう友《とも》だちどうしでメールアドレスや電話番号《でんわばんごう》を交換《こうかん》しているのを、私《わたし》はうらやましく見《み》ていました。

けれど、さいわいにも後日《ごじつ》、私《わたし》の小学校入学《しょうがっこうにゅうがく》を支援《しえん》してくれたHさんが、合格祝《ごうかくいわ》いに保証人《ほしょうにん》になってくれて、携帯電話《けいたいでんわ》を持《も》てることになりました。

いよいよ高校入学《こうこうにゅうがく》の日《ひ》です。

オリエンテーションのあと、クラスが発表《はっぴょう》されていました。うれしいことに、みーちゃんも同《おな》じクラスでした。あとで聞《き》いたことですが、私《わたし》が合格《ごうかく》したあと、高校《こうこう》の先生《せんせい》たちは、私《わたし》が授業《じゅぎょう》を受《う》けるうえで不便《ふべん》が生《しょう》じないか、ひとりになってしまうのではないかと心配《しんぱい》して、中学《ちゅうがく》に連絡《れんらく》をとってくれていたのでした。そして、一緒《いっしょ》に合格《ごうかく》したみーちゃんとの関係《かんけい》を聞《き》いて、特別《とくべつ》に同《おな》じクラスにしてくれたのだそうです。

壁《かべ》に張《は》られたクラス分《わ》け表《ひょう》で、私《わたし》の名前《なまえ》はアルファベットで書《か》いてありました。

「外国人《がいこくじん》のクラスメイトってどんな子《こ》だろう？　ってドキドキしてたのに、ふつうに日本語《にほんご》しゃべってるから、あれれ？　って思《おも》ったよ〜」

クラスメイトのひとりはあとになって、そう言《い》っていました。

説明《せつめい》のあと、なにか相談《そうだん》がある人《ひと》は気軽《きがる》に申《もう》し出《で》るようにと言《い》われたので、私《わたし》とお母《かあ》さんは、

「じつは現在《げんざい》、在留特別許可《ざいりゅうとくべつきょか》を申請《しんせい》している途中《とちゅう》なのです」

と、そのときの状況《じょうきょう》を話《はな》しました。対応《たいおう》してくれた先生《せんせい》は、

「わかりました。大変《たいへん》ですね。いい結果《けっか》が出《で》ればいいですね。私《わたし》たちにも協力《きょうりょく》できることがあれば言《い》ってください。できるかぎりのことはします」

と言《い》ってくれました。そのことも、とてもうれしかったです。

ＣＣＳで一緒《いっしょ》だった友《とも》だちのなかには、高校《こうこう》に受験《じゅけん》の出願《しゅつがん》をしたところ、教頭先生《きょうとうせんせい》が事務《じむ》の人《ひと》に、在留資格《ざいりゅうしかく》があるかどうかを確認《かくにん》してから受理《じゅり》するように言《い》ったため、受験《じゅけん》できなくなってしまったという子《こ》もいました。彼《かれ》はとてもショックを受《う》けていました。ビザがない外国人《がいこくじん》の子《こ》どもは、こんなふうに現場《げんば》の判断《はんだん》ひとつで将来《しょうらい》の道《みち》を閉《と》ざされてしまうことがあります。

はじめてのアルバイト

高校《こうこう》に合格《ごうかく》して、私《わたし》はアルバイトを探《さが》しはじめました。受験《じゅけん》のために1年間塾《ねんかんじゅく》に通《かよ》ったことで、

家族《かぞく》の経済的《けいざいてき》な負担《ふたん》はふえ、両親《りょうしん》の仕事《しごと》の量《りょう》もふえていたので、少《すこ》しでも家計《かけい》を助《たす》けたいと思《おも》ったのです。ほんとうは校則《こうそく》でバイトは禁止《きんし》されていたのですが、先生《せんせい》に家計《かけい》のことを説明《せつめい》して、特別《とくべつ》に許可《きょか》をもらいました。

ただ、問題《もんだい》はやはりビザがないことです。アルバイトとはいえ、在留資格《ざいりゅうしかく》がない人《ひと》を雇《やと》うのは法律違反《ほうりついはん》にあたります。実際《じっさい》は在留特別許可《ざいりゅうとくべつきょか》を求《もと》めて出頭中《しゅっとうちゅう》なので、聞《き》かれれば事実《じじつ》を伝《つた》えようとは思《おも》っていましたが、断《ことわ》られたときのショックを考《かんが》えると、面接《めんせつ》に行《い》くことにも気持《きも》ちが乗《の》りませんでした。

しかしある日《ひ》、お母《かあ》さんと買《か》いものの帰《かえ》りに、バイト募集《ぼしゅう》の張《は》り紙《がみ》を張《は》っているお店《みせ》を見《み》つけたのです。何気《なにげ》なく私《わたし》が口《くち》に出《だ》すと、お母《かあ》さんは、

「ちょうどいいじゃない。こんど面接《めんせつ》に行《い》くって言《い》ってきなさいよ」

と言《い》いました。家《いえ》に近《ちか》い場所《ばしょ》なので、落《お》ちたら恥《は》ずかしいなあと思《おも》いながらも、私《わたし》はお店《みせ》に入《はい》り、面接《めんせつ》を受《う》けたいと言《い》うと、店長《てんちょう》がいないので別《べつ》の日《ひ》に履歴書《りれきしょ》を持《も》ってくるようにと言《い》われました。

指定《してい》された日《ひ》、私《わたし》はとても緊張《きんちょう》しながら、あらためて面接《めんせつ》を受《う》けに行《い》きました。店長《てんちょう》さんは、

「君《きみ》は、あれだよね、あの、よく買《か》いものに来《く》る子《こ》のお姉《ねえ》さんだよね?」

と言《い》いました。

（やっぱり、だれだか知《し》られてた。落《お》ちたら恥《は》ずかしいなぁ……）

と思《おも》いながらも、

「はい、そうです」

と答《こた》えると、

「そうだよねえ、採用《さいよう》してあげたいけど、部活《ぶかつ》もやってるよね？　大変《たいへん》じゃない？」

部活《ぶかつ》をやっているからこそ体力《たいりょく》や力仕事《ちからしごと》には自信《じしん》がありますと言《い》うと、

「じゃ、明日《あした》の3時《じ》くらいに電話《でんわ》して結果《けっか》を伝《つた》えます」

と言《い》われました。とてもドキドキして、家《いえ》に帰《かえ》ってそのことを話《はな》しましたが、次《つぎ》の日《ひ》に電話《でんわ》は来《き》ませんでした。不採用《ふさいよう》でも電話《でんわ》すると言《い》っていたのに、それすらないことに、ひどく落《お》ちこみました。ところが、次《つぎ》の日《ひ》の3時《じ》になって店長《てんちょう》さんから電話《でんわ》がかかってきました。

「いやあ、電話《でんわ》するのを忘《わす》れてたよ。採用《さいよう》です。さっそくだけど、明日来《あしたこ》られるかな？」

私《わたし》はとてもうれしくなって、いつでも行《い》けると言《い》って電話《でんわ》を切《き》りました。家族《かぞく》も喜《よろこ》んでくれました。なぜビザのことを聞《き》かれなかったのかは、いまでもふしぎですが、地元《じもと》の人《ひと》たちが子《こ》どものころから私《わたし》たちのことを見《み》て知《し》っていてくれたおかげかもしれません。

塾《じゅく》に通《かよ》わせてくれた両親《りょうしん》へのお返《かえ》しと思《おも》って、それからできるかぎりバイトもがんばりました。時給《じきゅう》は700円《えん》でしたが、はじめてのお給料《きゅうりょう》で宅配《たくはい》ピザを頼《たの》んで、みんなでお祝《いわ》いに食《た》べました。

でも、いつかバイト先《さき》でビザの提示《ていじ》を求《もと》められたらどうしようと、不安《ふあん》は消《き》えませんでした。自分《じぶん》からはふれませんでしたが、騙《だま》しているようでつらかったです。

審査《しんさ》を待《ま》つ不安《ふあん》

一方《いっぽう》で、在留特別許可《ざいりゅうとくべつきょか》の審査《しんさ》は、その後《ご》も音沙汰《おとさた》がありませんでした。

そのときの私《わたし》たちは「仮放免《かりほうめん》」という状態《じょうたい》にあり、保証金《ほしょうきん》を払《はら》うことと引《ひ》きかえに拘束《こうそく》はされず、外《そと》で生活《せいかつ》ができます(*)。ただし、入管《にゅうかん》の管轄内《かんかつない》にいることを確認《かくにん》するために、毎月《まいつき》1回《かい》、家族全員《ぞくぜんいん》で入管《にゅうかん》に行《い》く義務《ぎむ》がありました。修学旅行《しゅうがくりょこう》で関西《かんさい》へ行《い》くときにも、事前《じぜん》に詳《くわ》しい予定《よてい》を提《てい》出《しゅっ》して、許可《きょか》をうけてから行《い》きました。

＊…現在《げんざい》は法律《ほうりつ》が変《か》わり、仮放免中《かりほうめんちゅう》は仕事《しごと》をしてはいけなくなりました。収入《しゅうにゅう》が絶《た》たれるので、蓄《たくわ》えのない人《ひと》は長《なが》い審査《しんさ》

期間《きかん》のあいだ生活《せいかつ》ができません。それによって申請《しんせい》をあきらめさせる意図《いと》があるのではといわれています。

入管《にゅうかん》に行《い》く日《ひ》は、両親《りょうしん》は仕事《しごと》を、私《わたし》たちは学校《がっこう》を一日休《いちにちやす》むことになります。5人分《にんぶん》の交通費《こうつうひ》もばかになりませんでしたが、テストの前《まえ》などは、授業《じゅぎょう》に一日《いちにち》出《で》られなくなるのが悩《なや》みでした。友《とも》だちにノートを貸《か》してもらうこともありましたが、自分《じぶん》なりのノートのとり方《かた》があったので、やはり授業《じゅぎょう》には出《で》たかったのです。

やがて、高校《こうこう》の1年目《ねんめ》も終《お》わりに近《ちか》づくと、家族《かぞく》のあいだにも焦《あせ》りが出《で》てきました。前《まえ》に出頭《しゅっとう》した家族《かぞく》は半年《はんとし》ほどで結果《けっか》が出《で》たのに、私《わたし》たち家族《かぞく》は出頭《しゅっとう》してからもう1年半《ねんはん》がすぎ、いつになったら結果《けっか》が出《で》るのだろうと不安《ふあん》が募《つの》ったのです。

そんなふうにすごした高校《こうこう》1年《ねん》の最後《さいご》の月《つき》、とうとう入管《にゅうかん》からはがきが届《とど》いたのです。審査《しんさ》の結果《けっか》が出《で》たので、入管《にゅうかん》に来《く》るようにという通知《つうち》でした。通知《つうち》された日《ひ》はちょうど期末《きまつ》テストの真《ま》っ最中《さいちゅう》で、私《わたし》は午前中《ごぜんちゅう》は学校《がっこう》で試験《しけん》を受《う》け、そのあと家族《かぞく》と一緒《いっしょ》に入管《にゅうかん》に向《む》かいました。

（これで不許可《ふきょか》だったら、期末《きまつ》テストのつづきも受《う》けることはないのかなあ。せっかく試験勉強《しけんべんきょう》したんだから、いい点《てん》とりたかったなあ）

そんなことを考《かんが》えていました。

ついに結果発表《けっかはっぴょう》の日《ひ》

私《わたし》たちが入管《にゅうかん》に着《つ》いたときは、ちょうどお昼《ひる》ごろでした。仮放免《かりほうめん》の手続《てつづ》きで顔《かお》なじみになっていた職員《しょくいん》のおばさんたちが、お弁当《べんとう》を買《か》いに出《で》てきたところで、私《わたし》たちを見《み》ると、

「ビザがおりましたよ！　おめでとうございます！」

と言《い》って、先《さき》に中《なか》に入《はい》っていきました。一瞬《いっしゅん》、お母《かあ》さんの顔《かお》に喜《よろこ》びの笑顔《えがお》がうかびましたが、付《つ》き添《そ》ってくれた弁護士《べんごし》さんが、

「まだ信《しん》じないで！」

と厳《きび》しく言《い》ったので、お母《かあ》さんは凍《こお》りついたようになりました。やはり、「在留特別許可《ざいりゅうとくべつきょか》」という文字《もじ》がパスポートに記《しる》されるまでは、やすやすと信《しん》じられないのです。

ＡＰＦＳの人《ひと》たちの声援《せいえん》を受《う》けながら、私《わたし》たちは入管《にゅうかん》の扉《とびら》をくぐりました。

（もう不法滞在《ふほうたいざい》なんて、きょうで終《お》わりにしたい！）

私《わたし》は心《こころ》の中《なか》で強《つよ》く思《おも》いましたが、震《ふる》えが止《と》まりません。入試《にゅうし》の合格発表《ごうかくはっぴょう》のときよりもドキドキ

して、おまけに涙《なみだ》まで出《で》そうでした。

入管《にゅうかん》の3階《がい》の小《ちい》さな部屋《へや》に通《とお》されると、まず職員《しょくいん》の方《かた》からパスポートを出《だ》すように言《い》われて、私《わたし》たちは一人《ひとり》ひとり出《だ》しました。すると、その職員《しょくいん》の方《かた》が、

「みなさんに許可《きょか》がおりました。よかったですね。今後《こんご》も悪《わる》いことはしないでくださいね」

と言《い》って、はんこを押《お》してくれました。私《わたし》たちは一挙《いっきょ》に緊張《きんちょう》がほどけて、

「ありがとうございます！」

と、くりかえしくりかえし言《い》いました。でもそのとき、私《わたし》が頭《あたま》の中《なか》で考《かんが》えていたのは、

（このはんこが在留特別許可《ざいりゅうとくべつきょか》なの？　このはんこひとつのために、いったいどれだけの人《ひと》が日本《にほん》じゅうで悩《なや》んでいるんだろう……）

ということでした。でも、そんなことはもちろん言《い》えないので、

「ほんとうにありがとうございました。私《わたし》はこれからも、日本《にほん》でがんばって生《い》きて、かならず恩《おん》返《がえ》しをしていきます」

と、入管《にゅうかん》の人《ひと》たちに伝《つた》えて退出《たいしゅつ》しました。外《そと》では、ＡＰＦＳの人《ひと》たちが、どこかで買《か》った花束《はなたば》を持《も》って出迎《でむか》えてくれました。

在留特別許可《ざいりゅうとくべつきょか》をもらって、その足《あし》で急《いそ》いで行《い》った場所《ばしょ》がありました。それは市役所《しやくしょ》です。ビザをもらったらまず最初《さいしょ》にしたいと私《わたし》たちが思《おも》っていたのは、健康保険《けんこうほけん》に加入《かにゅう》することでした。市《し》役所《やくしょ》の窓口《まどぐち》が閉《し》まってしまう前《まえ》に急《いそ》いで手続《てつづ》きをして、長《なが》いこと夢見《ゆめみ》た健康保険《けんこうほけん》にはじめて加入《かにゅう》したのでした。

(保険証《ほけんしょう》っていったいどんなものなんだろう?)

と興味津々《きょうみしんしん》でしたが、はじめて見《み》る健康保険証《けんこうほけんしょう》に、

(なんだ、ただの紙切《かみき》れじゃん。これがないせいで、ずっと病院《びょういん》にかかれなかったのか……)

と、在留特別許可《ざいりゅうとくべつきょか》のはんこのときと同様《どうよう》に思《おも》いました。

夕方《ゆうがた》、家《いえ》に帰《かえ》ると、だれが置《お》いてくれたのか、門《もん》の前《まえ》にケーキと花束《はなたば》が置《お》いてありました。だれが置《お》いて行《い》ったものかわからないので、ちょっと心配《しんぱい》でしたが、きっと祝《いわ》ってくれたのだろうと思《おも》って、みんなでそれを食《た》べました。

その日《ひ》はみんな興奮《こうふん》していたので、パスポートを開《ひら》いて、

「これがビザかあ～」

「ただのはんこだったのかー」

なんて言《い》いながら写真《しゃしん》を撮《と》ったり、ビデオカメラを回《まわ》して、

「いまの気持《きも》ちはどうですか？」

と、お互《たが》いにインタビューしあったりしました。

こうして、日本《にほん》に来《き》てから11年《ねん》めにして、ようやく私《わたし》たち家族《かぞく》は日本《にほん》に住《す》みつづける在留資格《ざいりゅうしかく》を手《て》にしたのです。

コラム4

お父《とう》さんのこと

イランの首都《しゅと》テヘランの裕福《ゆうふく》な家庭《かてい》に生《う》まれ育《そだ》ったお父《とう》さんは熱心《ねっしん》なイスラム教徒《きょうと》です。まわりから見《み》ても厳格《げんかく》で生真面目《きまじめ》なので、職場《しょくば》の人《ひと》からは「ラストサムライ」と呼《よ》ばれているそうです（!）。

私《わたし》たち家族《かぞく》が成田空港《なりたくうこう》に到着《とうちゃく》したときから、日本語《にほんご》が読《よ》めないのに、電車《でんしゃ》やバスをまちがえることもなく、目的《もくてき》のアパートにたどり着《つ》くことができました。はじめての異国《いこく》なのに、なぜお父《とう》さんにそれができたのかふしぎです。

「プラットホームをひとつまちがえるだけで、『なんでこんなに歩《ある》かせるの？　先《さき》に調《しら》べておいてよ！』っておまえたちが父《とう》さんのことを責《せ》めるから、がんばって覚《おぼ》えるようになったんだよ」と本人《ほんにん》は言《い》いますが、生活環境《せいかつかんきょう》からの学習能力《がくしゅうのうりょく》がばつぐんなのです。この才能《さいのう》は勤《つと》め先《さき》の工場《こうじょう》でも発揮《はっき》されました。自転車《じてんしゃ》や家電《かでん》が壊《こわ》れても修理《しゅうり》してくれて、とっても頼《たの》もしいお父《とう》さんです。

ビザがなかったころのある年《とし》の瀬《せ》、銀行《ぎんこう》の封筒《ふうとう》に入《はい》った10万円《まんえん》を道《みち》で拾《ひろ》ったことがありました。

「落《お》とした人《ひと》はどれだけ落胆《らくたん》してるだろうね……。ぜったい届《とど》けてあげなくちゃ！」と思《おも》ったものの、交番《こうばん》に行《い》く勇気《ゆうき》はなかったので、110番《ばん》に電話《でんわ》をして事情《じじょう》を説明《せつめい》しました。おまわりさんが家《いえ》までやってきて、いつ外国人登録証《がいこくじんとうろくしょう》の提示《ていじ》を求《もと》められるかとドキドキしていましたが、さいわい何《なに》も聞《き》かれませんでした。

日本《にほん》で勉強《べんきょう》せずとも、いろいろなことに適応《てきおう》してきたお父《とう》さんですが、ひとつだけ適応《てきおう》できないことがあります。それは食事《しょくじ》です。イスラム教《きょう》の教《おし》え通《どお》り、豚肉《ぶたにく》を食《た》べず、お酒《さけ》を飲《の》まないのはもちろん、牛肉《ぎゅうにく》や鶏肉《とりにく》も、ハラルフードでないものは食《た》べないのです。旅行先《りょこうさき》でおいしそうな神戸牛《こうべぎゅう》があっても、食《た》べるのはファストフードのフィッシュバーガーかコンビニの卵《たまご》サンドなのです。ハラルフードで日本食《にほんしょく》を作《つく》ってあげたこともありましたが、あまり好《この》まないようで、結局《けっきょく》ハラル以上《いじょう》に、イラン料理《りょうり》だけが好《す》きだということのようです。

お父《とう》さんは一時期《いちじき》、地元《じもと》の町内会《ちょうないかい》の会長《かいちょう》をしていました。日本語《にほんご》は書《か》けないのですが、ご近所《きんじょ》さんの助《たす》けで務《つと》めを果《は》たすことができました。夏《なつ》の納涼祭《のうりょうさい》では焼《や》き鳥《とり》の班《はん》になり、自分《じぶん》では食《た》べられない焼《や》き鳥《とり》をたくさん焼《や》いて、売《う》り切《き》れたのを喜《よろこ》んでいました。町内会《ちょうないかい》のどういうところが大変《たいへん》なの？　と聞《き》くと、「高齢化《こうれいか》だね。若《わか》い人《ひと》が少《すく》ない！」と言《い》っていました。

第 5 章

私《わたし》はイラン人《じん》？ 日本人《にほんじん》？

11年《ねん》ぶりの祖国《そこく》

在留特別許可《ざいりゅうとくべつきょか》がおりた最初《さいしょ》の夏休《なつやす》み、私《わたし》たちは11年《ねん》ぶりにイランに帰《かえ》ることになりました。いままでは、日本《にほん》を出《で》たが最後《さいご》、再入国《さいにゅうこく》できる保証《ほしょう》はない(*)ので、親戚《しんせき》に会《あ》いたくても戻《もど》れなかったのです。

＊…そのころすでにイランと日本《にほん》のあいだの査証免除《さしょうめんじょ》は停止《ていし》されていて、出国後《しゅっこくご》にふたたびビザが得《え》られる保証《ほしょう》はありませんでした。

およそ40日《にち》の長期《ちょうき》にわたる里帰《さとがえ》りです。いつかイランに帰《かえ》るときに持《も》っていこうと溜《た》めこんでいたお土産《みやげ》の山《やま》を前《まえ》に、家族《かぞく》みんなで途方《とほう》に暮《く》れました。結局《けっきょく》、荷物《にもつ》は大《おお》きなスーツケースやカバンで12個《こ》にもなってしまいました。空港《くうこう》に向《む》かうリムジンバスの運転手《うんてんしゅ》さんが、荷物《にもつ》の山《やま》を見《み》てびっくりしていました。

成田《なりた》からイラン航空《こうくう》の飛行機《ひこうき》に乗《の》っておよそ12時間《じかん》。機内《きない》でも、まわりの人《ひと》がみんなペルシャ語《ご》で話《はな》していることがふしぎな感覚《かんかく》でした。

テヘランには夜遅《よるおそ》くに到着《とうちゃく》し、入国審査《にゅうこくしんさ》を終《お》えるころには深夜《しんや》1時《じ》を回《まわ》っていました。出口《でぐち》に向《む》かうと、そこに見《み》えたのは、ガラス張《ば》りの壁《かべ》をとりかこんでいる親戚《しんせき》たちのすがたでした。いったい何人《なんにん》いたのか、たぶん100人《にん》はいたと思《おも》います。私《わたし》には、だれがだれなのかわかりませんでしたが、何人《なんにん》かは覚《おぼ》えている顔《かお》もありました。

「早《はや》く来《こ》い！」

あまりに何度《なんど》も呼《よ》ばれるので、まず私《わたし》が外《そと》に出《で》ると、あちこちから抱《だ》きつかれて、もみくちゃにされました。だれかははっきりわからないのですが、覚《おぼ》えている人《ひと》がいると、会《あ》えたことが信《しん》じられず、うれしさがこみあげてきました。

ようやく両親《りょうしん》も、山《やま》のような荷物《にもつ》をカートにまとめて空港《くうこう》のドアを出《で》てきました。親戚一同《しんせきいちどう》を前《まえ》に、お母《かあ》さんは泣《な》きながら、深《ふか》くおじぎをして出《で》てきました。11年《ねん》のあいだに日本人《にほんじん》のしぐさが身《み》についてしまったのですが、親戚《しんせき》が撮影《さつえい》したビデオであとから見《み》ると、それはとてもこっけいに見《み》えました。

お母《かあ》さんのお兄《にい》さんやお姉《ねえ》さんが抱《だ》きついて大声《おおごえ》で泣《な》きはじめ、私《わたし》もこらえきれなくなって泣《な》いてしまいました。2歳《さい》になる前《まえ》にイランを離《はな》れたモハマも、お父《とう》さんも泣《な》いていました。

おばあちゃんたちも空港《くうこう》に来《き》ていました。急《きゅう》に会《あ》って驚《おどろ》かせると心臓《しんぞう》によくないというので、少《すこ》し落《お》ち着《つ》いてから、離《はな》れたベンチに座《すわ》っているおばあちゃんに、お母《かあ》さんが近《ちか》づいて足《あし》にキスをしました。そして、

「ほら、おばあちゃんにキスをして！」

私《わたし》たちにもそう言《い》いましたが、日本《にほん》で育《そだ》った私《わたし》たちは、どうやってするのかわからず、ぎこちないキスになりました。

その日《ひ》は結局《けっきょく》、家《いえ》に着《つ》いても親戚《しんせき》たちの歓迎《かんげい》がつづき、寝《ね》たのは明《あ》け方《がた》の4時《じ》くらいでした。

ふるさとイラン！　のはずが……

翌日《よくじつ》からは、少《すこ》しずつ外出《がいしゅつ》したり、各地《かくち》に観光《かんこう》に行《い》ったりもしたのですが、私《わたし》たちはなんだかふしぎな気持《きも》ちでした。街《まち》を歩《ある》いているのはみんなイラン人《じん》なのに、

「あっ、あそこにイラン人《じん》がいる！」

と、めずらしいもののように感《かん》じてしまうのです。やっと祖国《そこく》に「帰《かえ》った」はずなのに、なにか

違和感《いわかん》をおぼえてしまいました。

ある日《ひ》、いとこと一緒《いっしょ》にパン屋《や》さんに行《い》ったとき、店員《てんいん》さんから話《はな》しかけられました。

「どこから来《き》たの？」

「……日本《にほん》です」

「日本《にほん》?! そうか！ お金《かね》はいらないから持《も》っていきな。イランの思《おも》い出《で》だ！ おしんももう大《おお》きくなったんだろうなあ～。おしんに会《あ》ったらよろしく言《い》っといてくれ！」

店員《てんいん》さんは、しみじみ「おしん」を懐《なつ》かしんでいたのですが、私《わたし》はいとこと一緒《いっしょ》にいただけなのに、「どこから来《き》たの？」と言《い》われたことがその後《ご》も気《き》になっていました。私《わたし》の顔《かお》だちはどう見《み》てもイラン人《じん》のはずなのに、なぜか外国《がいこく》から来《き》たと思《おも》われたのです。どうやら動作《どうさ》や服装《ふくそう》などかからそう思《おも》われたようです。

日本《にほん》では、心《こころ》ないことを言《い》われていやな気持《きも》ちになったとき、

（だって私《わたし》はイラン人《じん》なんだもん！ しかたないじゃん）

と、イラン人《じん》であることを心《こころ》の支《ささ》えにしていました。でも、そんな私《わたし》にとって、このイランでの滞在《たいざい》は、思《おも》い描《えが》いていた「祖国《そこく》に帰《かえ》る」ということとは全然《ぜんぜん》ちがったのでした。

イランに帰《かえ》れば、街《まち》なかで人《ひと》の視線《しせん》を感《かん》じることなんてないはずと思《おも》っていたのに、イランのどこにいても人《ひと》の視線《しせん》を感《かん》じました。祖国《そこく》に帰《かえ》ったはずなのに、外国《がいこく》からの旅行者《りょこうしゃ》のような気持《きも》ちになりました。私《わたし》が思《おも》い描《えが》いていた「祖国《そこく》」とは、「イラン人《じん》」とは、いったいなんだったのでしょう。

マックのポテトは日本《にほん》の味《あじ》

この最初《さいしょ》の里帰《さとがえ》りのとき、イランにはおよそ40日間滞在《にちかんたいざい》しましたが、後半《こうはん》になるともう、私《わたし》たちきょうだいの居心地《いごこち》は微妙《びみょう》になっていました。

とくに弟二人《おとうとふたり》がイライラしていたのは、お客《きゃく》さんをもてなす文化《ぶんか》のちがいによる部分《ぶぶん》が大《おお》きかったと思《おも》います。あちこちから親戚《しんせき》が会《あ》いにくるのですが、約束《やくそく》の時間《じかん》にはたいてい遅《おく》れます。親戚《しんせき》が来《く》るたびに立《た》って握手《あくしゅ》をし、頰《ほお》にキスをするのにも嫌気《いやけ》がさし、座《すわ》ったままでいることもありました。果物《くだもの》をすすめられて、食《た》べないと言《い》ってもお皿《さら》の上《うえ》に置《お》かれます。

「いらないって言《い》ってるのに、なんで勝手《かって》に置《お》くの？」

イランの風習《ふうしゅう》としては、遠慮《えんりょ》しているのかもしれないと、とりあえずお皿《さら》に置《お》くのです。さらに、勝手《かって》に果物《くだもの》をむいて、くりかえしすすめるので、弟《おとうと》たちはうんざりしてしまい、しまいには怒《おこ》って車《くるま》に立《た》てこもったほどです。

下《した》の弟《おとうと》のモハマは、ずっと日本食《にほんしょく》で育《そだ》ったので、イランの料理《りょうり》も口《くち》に合《あ》わないようでした。その後《ご》も2年《ねん》に1回《かい》ほどイランに行《い》くようになりましたが、そのたびにモハマは食《た》べられるものがないと言《い》い、

「早《はや》く日本《にほん》に帰《かえ》って日本食《にほんしょく》が食《た》べたい～」

と言《い》っていました。あるとき、飛行機《ひこうき》の機内食《きないしょく》もまずくて食《た》べられないというので、経由地《けいゆち》の空港《くうこう》でマクドナルドを食《た》べることにしました。マックのポテトを一口《ひとくち》食《た》べるなり、モハマは、

「日本《にほん》の味《あじ》だぁ……。よかったぁ～！　助《たす》かった～！」

と、安心《あんしん》した表情《ひょうじょう》をうかべました。

「マックはアメリカの味《あじ》だよ！」

と私《わたし》はツッコミましたが、モハマにとってはこれが日本《にほん》の味《あじ》だったのです。

日本《にほん》の学校《がっこう》に通《かよ》いはじめてから、私《わたし》たちは日本食《にほんしょく》に慣《な》れていき、モハマは日本《にほん》の料理《りょうり》しか食《た》べ

なくなりました。お父《とう》さんはいまでもイラン料理《りょうり》しか食《た》べないので、わが家《や》ではお母《かあ》さんはいつも2種類《しゅるい》の料理《りょうり》を作《つく》っています。私《わたし》はお母《かあ》さんのイラン料理《りょうり》も好《す》きですが、日本食《にほんしょく》も好《す》きで、自分《ぶん》で料理《りょうり》をするようになったいまは日本食《にほんしょく》を作《つく》ることが多《おお》いです。

二《ふた》つの国《くに》のはざまで、揺《ゆ》れる思《おも》い

私自身《わたしじしん》は、この帰省《きせい》のとき、別《べつ》のことでショックを受《う》けていました。空港《くうこう》で親戚《しんせき》との再会《さいかい》を喜《よろこ》んでいた私《わたし》たちを、孤児《こじ》たちが遠《とお》くから見《み》ていました。落《お》ち着《つ》いたころを見計《みはか》らって、その子《こ》たちは「お金《かね》をください」と私《わたし》に言《い》いにきたのです。

そのころ私《わたし》は、フリー・ザ・チルドレン・ジャパン（FTCJ）という、開発途上国《かいはつとじょうこく》の児童労《じどうろう》働問題《どうもんだい》や教育支援《きょういくしえん》にとりくむNGO団体《だんたい》にかかわっていたので、イランのような国《くに》にも家《いえ》がなく外《そと》で暮《く》らす子《こ》ども（ストリートチルドレン）がいることは知《し》っていました。でも、突然《とつぜん》それを目《め》にすると動揺《どうよう》します。お金《かね》ではなく飴玉《あめだま》をあげようと、日本《にほん》から持《も》ってきていた飴玉《あめだま》をあげると、ほかの孤児《こじ》も集《あつ》まってきました。

すると、私《わたし》の親戚《しんせき》のひとりが、「その子《こ》は孤児《こじ》だから汚《きたな》いよ」と言《い》ったのです。その孤児《こじ》たちと同《おな》じくらいの歳《とし》の子《こ》がそんなことを言《い》うなんて、驚《おどろ》くと同時《どうじ》に悲《かな》しくなりました。

「知《し》ってるけど、あなたと同《おな》じ子《こ》どもじゃない」

と強《つよ》い口調《くちょう》で言《い》いましたが、親戚《しんせき》の子《こ》は、私《わたし》にそんなことを言《い》われるなんて思《おも》ってもいなかったようで不満《ふまん》げでした。

別《べつ》のときにも、建設中《けんせつちゅう》の家《いえ》の前《まえ》を通《とお》るとき、親戚《しんせき》のおばさんが、

「この現場《げんば》ではアフガニスタン人《じん》が働《はたら》いてるから危《あぶ》ないよ、走《はし》って急《いそ》ごう！」

と言《い》ったのです。私《わたし》はそのとき、ＣＣＳのキャンプで「イラン人《じん》は危《あぶ》ない」と日本人《にほんじん》の子《こ》どもにいじめられたことを思《おも》い出《だ》しました。

「おばさん知《し》ってる？　日本《にほん》では私《わたし》たちイラン人《じん》がそういうことを言《い》われてるんだよ。大人《おとな》がそうやって、特定《とくてい》の国《くに》の人《ひと》をひとくくりに悪《わる》く言《い》うのはまちがってると思《おも》う」

と言《い》うと、おばさんは申《もう》し訳《わけ》なさそうにしましたが、私《わたし》の言《い》いたかったことが伝《つた》わったかどうかはわかりません。

イランに帰《かえ》ってみて、私《わたし》が心《こころ》の中《なか》で思《おも》い描《えが》いていた「自分《じぶん》の祖国《そこく》」や「ふるさと」というもの

の意味《いみ》がわからなくなりました。

日本《にほん》では「イラン人《じん》は危《あぶ》ない」と言《い》われるけど、イランでそんなことを言《い》う人《ひと》はいないはず。イランでは顔《かお》や服装《ふくそう》なんて気《き》にせず、だれかのことをジロジロ見《み》たりせず、みんな気持《きも》ちよく暮《く》らしているはず……。ぜんぶ私《わたし》の思《おも》いこみでした。どうして勝手《かって》にこんなふうに想像《そうぞう》していたのでしょうか。

イランでも、私《わたし》の身《み》なりを見《み》ただけの人《ひと》から「なに人《じん》なの？」と聞《き》かれ、親戚《しんせき》は孤児《こじ》やアフガニスタン人《じん》に対《たい》して「汚《きたな》い」「危《あぶ》ない」と言《い》っていました。日本《にほん》で私《わたし》が不快《ふかい》に感《かん》じたのと同《おな》じことが、イランでもあったのです。

日本《にほん》に帰《かえ》ると待《ま》っていたのは、高校《こうこう》の文化祭《ぶんかさい》でした。クラスの出《だ》しものでパーラーをやることになっていて、みんな準備《じゅんび》に追《お》われていました。好《す》きなものを飲《の》み、食《た》べたいときに美味《おい》しいものを食《た》べて、勉強《べんきょう》もして、文化祭《ぶんかさい》を盛《も》り上《あ》げるために楽《たの》しんでいるのです。イランで見《み》た孤児《こじ》たちが頭《あたま》にうかんでしまい、それまでなんとも思《おも》わなかった光景《こうけい》が、帰国後《きこくご》の私《わたし》にとってはショックでした。

（もし日本《にほん》に来《き》ていなかったら、きっと私《わたし》もあの子《こ》たちみたいになっていたんだろうな……）

私《わたし》は心《こころ》からそう思《おも》いました。自分《じぶん》だけが日本《にほん》に来《き》て、在留特別許可《ざいりゅうとくべつきょか》を得《え》て、豊《ゆた》かな生活《せいかつ》をつづけていることに大《おお》きな罪悪感《ざいあくかん》をおぼえ、だんだん外《そと》に出《で》るのがいやになっていったのです。

イランに行《い》ってから暗《くら》くなった私《わたし》を、同級生《どうきゅうせい》たちはとても心配《しんぱい》してくれました。何《なに》があったのかと聞《き》かれて話《はな》すと、

「少《すく》なくとも、これからしばらくは日本《にほん》で暮《く》らすことになるんだから、イランを振《ふ》り返《かえ》ってばかりじゃなくて、日本《にほん》で暮《く》らすことを考《かんが》えなくちゃ。学校《がっこう》に来《こ》なかったらはじまらないよ」

と言《い》ってくれましたが、当時《とうじ》の私《わたし》は、こうして相談《そうだん》に乗《の》ってくれる友《とも》だちがいることにすら罪悪《ざいあく》感《かん》をおぼえていたのです。そして、日本《にほん》に帰《かえ》ってから2か月《げつ》ほどのあいだ、学校《がっこう》を休《やす》みがちになったのでした。

そんな私《わたし》の状況《じょうきょう》を知《し》らないCCSのスタッフから、久《ひさ》しぶりに連絡《れんらく》がありました。小学校《しょうがっこう》での異文化交流《いぶんかこうりゅう》イベントを一緒《いっしょ》にやろうと誘《さそ》ってくれたのです。断《ことわ》ろうと思《おも》ったのですが、イランのことを小学生《しょうがくせい》に伝《つた》えてほしいと言《い》われ、断《ことわ》れずに引《ひ》き受《う》けました。

イベントの日《ひ》、イランのブースには6人《にん》の小学生《しょうがくせい》がいて、ひとりの男《おとこ》の子《こ》は、事前《じぜん》にイランの

ことをたくさん調《しら》べてきてくれていました。教科書《きょうかしょ》にはほんの数行《すうぎょう》しか出《で》てこない国《くに》のことを、こんなに調《しら》べてくれる子《こ》がいるのかとうれしく感《かん》じ、断《ことわ》らずに企画《きかく》にかかわってよかったと思《おも》いました。

イランの孤児《こじ》たちを目《ま》の当《あ》たりにして落《お》ち込《こ》んだ私《わたし》でしたが、久《ひさ》しぶりにCCSにかかわると、日本《にほん》でもかつての私《わたし》のように学校《がっこう》に通《かよ》えなかったり、日本語《にほんご》がわからず勉強《べんきょう》についていけない子《こ》どもたちの環境《かんきょう》が変《か》わらずつづいていることに気《き》がつきました。当事者《とうじしゃ》として、まず足《あし》もとの日《に》本《ほん》でできることをしようと考《かんが》え、今度《こんど》は勉強《べんきょう》を教《おし》える側《がわ》としてCCSに参加《さんか》するようになりました。

イラン文化《ぶんか》は日本《にほん》では役《やく》に立《た》たない?

イランへ行《い》ったあと、日本《にほん》とのちがいや、自分《じぶん》がどちらの国《くに》の人間《にんげん》なのかといったことをモヤモヤ考《かんが》えつづけた期間《きかん》はじつに1年以上《ねんいじょう》にわたりました。その気持《きも》ちのまま3年生《ねんせい》になり、大学《だいがく》受験《じゅけん》を迎《むか》えました。

「私《わたし》は日本人《にほんじん》じゃないけど、イラン人《じん》でもなかった」という気持《きも》ちのなかで、唯一残《ゆいいつのこ》ったのは「外国人《がいこくじん》」という属性《ぞくせい》でした。そして、分厚《ぶあつ》い受験案内本《じゅけんあんないぼん》の中《なか》に「外国人枠《がいこくじんわく》」というのを見《み》つけました。「外国人《がいこくじん》」という単語《たんご》は、私《わたし》にとっては宙《ちゅう》ぶらりんで、ネガティブな象徴《しょうちょう》だったのに、ここではなんだか特別感《とくべつかん》にあふれて見《み》えたのです。

ただ、この「外国人枠《がいこくじんわく》」は、外国《がいこく》の高校《こうこう》を卒業《そつぎょう》していて、来日後《らいにちご》2～3年《ねん》という条件《じょうけん》で、私《わたし》は対象外《たいしょうがい》でした。ふつうに考《かんが》えれば当《あ》たり前《まえ》なのですが、自分《じぶん》のよりどころを求《もと》めていた私《わたし》には、同《おな》じ「外国人《がいこくじん》」にも来日年数《らいにちねんすう》による区別《くべつ》が作《つく》られていることに、ますます疎外感《そがいかん》をいだきました。

それに、同《おな》じ「外国人《がいこくじん》」でも中国人《ちゅうごくじん》は漢字《かんじ》に慣《な》れているとか、フィリピン人《じん》なら英語《えいご》ができるといった強《つよ》みがあるのに、イラン人《じん》には日本《にほん》で活《い》かせる能力《のうりょく》や強《つよ》みがないと思《おも》っていました。ペルシャ語《ご》やトルク語《ご》が話《はな》せても、日本《にほん》では能力《のうりょく》として認《みと》めてもらえないと思《おも》ったのです。

（イラン人《じん》って残念《ざんねん》だな～。同《おな》じ外国人《がいこくじん》でも、受験《じゅけん》に役立《やくだ》つ国《くに》の出身《しゅっしん》ならよかったのに）

そんなふうに思《おも》っていました。

結局《けっきょく》、私《わたし》は小論文《しょうろんぶん》と面接《めんせつ》のＡＯ入試《にゅうし》で、東京《とうきょう》のある大学《だいがく》を受験《じゅけん》しました。一般的《いっぱんてき》な受験対策《じゅけんたいさく》に加《くわ》えて、私《わたし》の外国人《がいこくじん》としての強《つよ》みも活《い》かせそうな自己推薦《じこすいせん》を選《えら》んだのです。当日《とうじつ》の小論文《しょうろんぶん》の課題《かだい》は、なんとイランに関係《かんけい》するものでした。アメリカの政治学者《せいじがくしゃ》の「文明《ぶんめい》の衝突《しょうとつ》」論《ろん》に対《たい》して、イランのハタミ大統領《だいとうりょう》（当時《とうじ》）が「文明《ぶんめい》の対話《たいわ》」を訴《うった》えたことについてどう思《おも》うか述《の》べよ、というお題《だい》でした。私《わたし》は、自分《じぶん》が日本《にほん》に来《き》てからの経験《けいけん》をいくつか挙《あ》げ、文化《ぶんか》がちがっても理解《りかい》しあいながらここまで暮《く》らしてきたことこそ「文明《ぶんめい》の対話《たいわ》」のひとつだと書《か》いて合格《ごうかく》したのです。

いまになって冷静《れいせい》に考《かんが》えれば、小学校《しょうがっこう》から日本《にほん》の学校《がっこう》で授業《じゅぎょう》を受《う》けていたのに、あえて「外国人枠《がいこくじんわく》」を使《つか》おうとしたりして……。あれだけ「みんなと一緒《いっしょ》がいい」と願《ねが》っていたのに、私《わたし》が言《い》っていた「みんな」ってだれだったのでしょう。

アイデンティティの迷路《めいろ》で

「自分《じぶん》とは何者《なにもの》なのか」に対《たい》する答《こた》えをアイデンティティといいます。

私《わたし》はずっと「イラン人《じん》らしいイラン人《じん》」を頭《あたま》の中《なか》でイメージし、それに自分《じぶん》を当《あ》てはめようとしていました。日本《にほん》でジロジロ見《み》られるのは私《わたし》がイラン人《じん》だから。日本人《にほんじん》から「イランではどうなの？」と、たわいない質問《しつもん》を受《う》けても、きちんと答《こた》えられるのが「イラン人《じん》らしいイラン人《じん》」。

6歳《さい》までしかいなかったのに、日本《にほん》に居《い》ながらにして完全《かんぜん》なイラン人《じん》をめざしていたのでした。どこに住《す》んでいても、イラン人《じん》として生《う》まれたからには「イラン人《じん》らしいイラン人《じん》」になれて当然《とうぜん》だと思《おも》っていたのです。

でも、日本《にほん》でずっと生活《せいかつ》しながら、イラン人《じん》らしさをめざすことには無理《むり》があります。「イラン人《じん》なのに、ペルシャ語《ご》も読《よ》めないなんて」と自己嫌悪《じこけんお》におちいりました。どこまで行《い》っても、日本育《にほんそだ》ちの私《わたし》は「中途半端《ちゅうとはんぱ》なイラン人《じん》」にしかなれないのです。

祖国《そこく》に帰《かえ》れば、その中途半端《ちゅうとはんぱ》さも解消《かいしょう》されるはずと期待《きたい》しましたが、実際《じっさい》はよけいに疎外感《そがいかん》をおぼえただけでした。おじぎをしたり、箸《はし》を使《つか》ったり、その他自分《たじぶん》ではわからない無意識《むいしき》の習慣《しゅうかん》からも、私《わたし》のふるまいは日本的《にほんてき》だと言《い》われました。

でも、どんなに「日本的《にほんてき》」だと言《い》われても、私《わたし》の顔《かお》はどう見《み》ても日本人《にほんじん》ではありません。ぜったいに日本人《にほんじん》にはなれないと強《つよ》く感《かん》じていたので、そのギャップに苦《くる》しみました。日本《にほん》に帰《かえ》ってから、ペルシャ語《ご》の読《よ》み書《か》きやイランの文化《ぶんか》、歴史《れきし》などを独学《どくがく》で学《まな》んでも、その中途半端《ちゅうとはんぱ》さを抜《ぬ》け出《だ》すことはできませんでした。

イラン人《じん》でも日本人《にほんじん》でもない「中途半端《ちゅうとはんぱ》な人《ひと》」である自分《じぶん》から早《はや》く抜《ぬ》け出《だ》したい。そんなエンドレスな思考《しこう》を、イランに行《い》ってから大学《だいがく》3年《ねん》まで、じつに5年《ねん》もくりかえしていたのです。

「外国人《がいこくじん》お断《ことわ》り」の洗礼《せんれい》

大学《だいがく》の授業《じゅぎょう》にも慣《な》れてきたころ、アルバイトをはじめようと思《おも》いました。前《まえ》のバイト先《さき》は大学《だいがく》受験《じゅけん》を前《まえ》にやめていたので、次《つぎ》は何《なに》にしようかといろいろ考《かんが》えました。またCCSに通《かよ》うようになったので、大学《だいがく》の勉強《べんきょう》の時間《じかん》なども考《かんが》え、朝《あさ》のアルバイトがよさそうだと思《おも》いました。

そんなとき、最寄《もよ》り駅《えき》の前《まえ》のパン屋《や》さんが朝《あさ》6時《じ》からのアルバイトを募集《ぼしゅう》しているのを見《み》つけました。渡《わた》りに舟《ふね》と、さっそく電話《でんわ》をして、面接《めんせつ》の当日《とうじつ》パン屋《や》さんに行《い》ったのですが……。

「お忙《いそが》しいところすみません、18時《じ》から面接《めんせつ》の予定《よてい》で参《まい》りましたナディと申《もう》します」

「……ええ?!」

パン屋《や》のおばさんは、あわてた顔《かお》をして奥《おく》に入《はい》っていきました。そして、店長《てんちょう》とおぼしきおじさんと一緒《いっしょ》に戻《もど》ってきたと思《おも》うと、おじさんは、

「ごめんなさい。外国人《がいこくじん》は……ちょっと……」

と、面接《めんせつ》もせず私《わたし》に言《い》ったのです。破壊力《はかいりょく》ばつぐんの言葉《ことば》を浴《あ》びせられた私《わたし》は、

「すみません」

と伝《つた》えてお店《みせ》をあとにました。いまなら、

「外国人《がいこくじん》お断《ことわ》りなら募集要項《ぼしゅうようこう》に書《か》いとけよー！」

と、文句《もんく》も言《い》えたかもしれませんが、そのときは、なんとか涙《なみだ》を流《なが》さずにお店《みせ》を出《で》ることしかできませんでした。日本《にほん》に来《き》てから、「外国人《がいこくじん》お断《ことわ》り」を直接《ちょくせつ》、面《めん》と向《む》かって体験《たいけん》したのははじめてで、ほんとうにショックでしばらく何《なに》も手《て》につきませんでした。

バイトしたいけどできない。しかも、外国人《がいこくじん》だということを理由《りゆう》に断《ことわ》られる自分《じぶん》が恥《は》ずかしい気持《きも》ちがわいてきました。どんな言葉《ことば》にして、だれに愚痴《ぐち》っていいかもわからず、もんもんと悩《なや》んでいたとき、中学《ちゅうがく》・高校《こうこう》の同級生《どうきゅうせい》だった友《とも》だちに会《あ》いました。

「一緒《いっしょ》に旅行《りょこう》に行《い》こうよ！　私《わたし》、韓国《かんこく》に行《い》きたーい！」

「お金《かね》ないから無理《むり》」

「バイトしなよ」

「したいけど受《う》かんないんだよ。このあいだ、外人《がいじん》ダメって面《めん》と向《む》かって言《い》われてさぁ……。まだ気持《きも》ちがへこんでて探《さが》せない。どうせまた外人《がいじん》ダメって言《い》われるだろうし」

私《わたし》がそう愚痴《ぐち》ると、彼女《かのじょ》は、

「私《わたし》なんて日本人《にほんじん》だけどバイト何個《なんこ》も落《お》ちたし、せっかく受《う》かっても理不尽《りふじん》な理由《りゆう》で首《くび》にされたこともあるよ。それ外人《がいじん》のせいじゃないから、気《き》にしちゃだめ」

と私《わたし》をはげまし、

「一緒《いっしょ》に探《さが》そう！　外国人《がいこくじん》ＯＫのところもきっとあるよ。ていうか、私《わたし》が働《はたら》いてるコンビニをとりあえず受《う》けてみたら？　中国人《ちゅうごくじん》も働《はたら》いてるから、たぶん大丈夫《だいじょうぶ》だよ」

友《とも》だちと話《はな》して気持《きも》ちが少《すこ》し晴《は》れた私《わたし》は、そのコンビニの面接《めんせつ》を受《う》けることにしました。結果《けっか》、ありがたいことに採用《さいよう》してもらえることになりました。

小中学校《しょうちゅうがっこう》では、自分《じぶん》で先生《せんせい》に説明《せつめい》して、イスラム教《きょう》のルールと日本《にほん》の学校《がっこう》のルールの折《お》り合《あ》いをつけていけました。でも大《おお》きくなって社会《しゃかい》に出《で》ると、それだけではうまくいかないということを学《まな》びました。

「外国人《がいこくじん》お断《ことわ》り」のパン屋《や》をすぐに変《か》えることはできません。でも、パン屋《や》が無理《むり》でもコンビニがあるさ、と自分《じぶん》に合《あ》う環境《かんきょう》を探《さが》せばいい、ということを友《とも》だちから学《まな》びました。彼女《かのじょ》は私《わたし》にそんなことを教《おし》えるつもりはなく、ただ一緒《いっしょ》に韓国旅行《かんこくりょこう》に行《い》くためだったのでしょうけれど。

同時《どうじ》に、私《わたし》とはちがうと思《おも》っていた「みんな」（日本人《にほんじん》）も、じつは同《おな》じ悩《なや》みをかかえることがあるんだと気《き》がつきました。これ以降《いこう》、私《わたし》は「どうせ外人《がいじん》だし」と、いやなことにふたをするのはやめて、ものごとを冷静《れいせい》に考《かんが》えるようになりました。この考《かんが》え方《かた》ができるようになったことは、その後《ご》の就職活動《しゅうしょくかつどう》にも役立《やくだ》ちました。

就職活動《しゅうしょくかつどう》で、またもやハードル

大学《だいがく》3年生《ねんせい》になり、就職活動《しゅうしょくかつどう》がはじまる時期《じき》。大学《だいがく》のキャリアセンターのスタッフが、進路《しんろ》の相談《そうだん》に乗《の》ってくれました。志望《しぼう》を聞《き》かれた私《わたし》は、

「銀行《ぎんこう》とかはお給料《きゅうりょう》がいいと聞《き》いたので、受《う》けてみたいです！」

これまでの人生《じんせい》、お金《かね》の面《めん》でほんとうに苦労《くろう》したので、家族《かぞく》が楽《らく》に暮《く》らせるよう、単純《たんじゅん》にお給《きゅう》料《りょう》が高《たか》い仕事《しごと》につきたいと最初《さいしょ》は思《おも》っていたのです。ところがスタッフは、

「残念《ざんねん》だけどナディさん、それは無理《むり》だと思《おも》う。銀行《ぎんこう》の窓口《まどぐち》で外国人《がいこくじん》の人《ひと》を見《み》たことある？」と言《い》いました。言《い》われてみれば、銀行《ぎんこう》だけでなく、鉄道《てつどう》・郵便《ゆうびん》・役所《やくしょ》・警察《けいさつ》・病院《びょういん》といった職種《しょくしゅ》でも、外見《がいけん》でわかるような「外国人《がいこくじん》」を見《み》たことがありませんでした。公務員《こうむいん》は、日本国籍《にほんこくせき》がない人《ひと》には受験資格《じゅけんしかく》がないという決《き》まりが一部《いちぶ》にあったからかもしれません。しかし、銀行《ぎんこう》や鉄道《てつどう》といった民間《みんかん》の企業《きぎょう》でも、職員《しょくいん》に外国人《がいこくじん》を見《み》かけることは、いまもほとんどありません。なぜなのでしょう。いずれにしても、見《み》た目《め》からして明《あき》らかに「外国人《がいこくじん》」な私《わたし》は、それだけで就活《しゅうかつ》のハードルが高《たか》くなったと感《かん》じました。

友《とも》だちと一緒《いっしょ》にある会社《かいしゃ》の見学《けんがく》に行《い》ったときのことです。見学《けんがく》なので面接《めんせつ》ではないはずですが、専用《せんよう》の用紙《ようし》に住所氏名《じゅうしょしめい》を記入《きにゅう》するように言《い》われたので、その場《ば》で記入《きにゅう》して担当《たんとう》の方《かた》に渡《わた》しました。担当《たんとう》のおじさんはそれを見《み》てから、

「あのー、日本語《にほんご》は話《はな》せるのかな？　読《よ》み書《か》きはできるのかな？」

「日本語話《にほんごはな》せますよ。いまお渡《わた》しした用紙《ようし》は自分《じぶん》で記入《きにゅう》しましたよ？」

「そうなんですか。わかりました。日本《にほん》の友《とも》だちはいる？」

一緒《いっしょ》にいた友《とも》だちは、驚《おどろ》いた顔《かお》をして担当者《たんとうしゃ》を見《み》たあと、私《わたし》のほうを見《み》て笑《わら》いだしました。私《わたし》

もばからしくなってしまいました。会社《かいしゃ》に入《はい》ってからも、職場《しょくば》の人《ひと》たちから、いちいち「日本語《にほんご》読《よ》める？」と聞《き》かれたりするのを想像《そうぞう》すると、めんどくさいし、仕事《しごと》にならなさそうだな、と思《おも》いました。

就活中《しゅうかつちゅう》、私《わたし》が外国語《がいこくご》を話《はな》せるということで、「ぜひ海外営業部《かいがいえいぎょうぶ》で活躍《かつやく》してください」と言《い》ってくれる企業《きぎょう》もありました。でも、このころの私《わたし》は、言語《げんご》はツールのひとつにすぎないと思《おも》っていました。外国語《がいこくご》の能力《のうりょく》だけに頼《たよ》る仕事《しごと》よりも、もっと新《あたら》しいことにチャレンジしたいと思《おも》っていたので、あまり乗《の》り気《き》にはなれませんでした。

スターバックスは外国人《がいこくじん》ＯＫ！

就活《しゅうかつ》がはじまると、まわりの友《とも》だちはアルバイトをやめて、会社訪問《かいしゃほうもん》などに多《おお》くの時間《じかん》を費《つい》やすようになりました。そんな友《とも》だちを見《み》て私《わたし》は、（交通費《こうつうひ》はどうするんだろう？）と思《おも》ったものです。就活《しゅうかつ》ではたくさんの会社訪問《かいしゃほうもん》をするので、交通費《こうつうひ》だけでもばかになりません。

もともとお金《かね》に余裕《よゆう》がないからはじめたバイトなのに、ますますお金《かね》がかかるこの時期《じき》にやめてしまっては意味《いみ》がありません。

バイトと就活《しゅうかつ》を両立《りょうりつ》する方法《ほうほう》として、私《わたし》は都心《としん》でバイト先《さき》を探《さが》すことを考《かんが》えました。就活《しゅうかつ》で訪《ほう》問《もん》する会社《かいしゃ》は新宿《しんじゅく》や品川《しながわ》など都心《としん》ばかりです。地元駅《じもとえき》から特急電車《とっきゅうでんしゃ》に乗《の》っても1時間近《じかんちか》く、交通《こうつう》費《ひ》は往復《おうふく》1000円《えん》を超《こ》えます。会社訪問《かいしゃほうもん》のたびにバイト1時間分《じかんぶん》のお給料《きゅうりょう》を失《うしな》うのでは、移動《いどう》時間《じかん》も交通費《こうつうひ》ももったいない、と思《おも》ったのです。

新宿《しんじゅく》でバイトすれば、そのついでに会社見学《かいしゃけんがく》もできるし、交通費支給《こうつうひしきゅう》のところなら交通費《こうつうひ》も浮《う》きます。それに、新宿《しんじゅく》では外国人《がいこくじん》をよく見《み》かけるので、外国人《がいこくじん》OKのバイトもきっと多《おお》いにちがいない！と考《かんが》えたのでした。

とは言《い》っても、内心《ないしん》ではやっぱり少《すこ》し不安《ふあん》でした。ふだんは何気《なにげ》なく歩《ある》いていた新宿《しんじゅく》の街《まち》も、バイト募集《ぼしゅう》の張《は》り紙《がみ》ばかりに目《め》が行《い》くようになり、ソワソワしました。

新宿駅《しんじゅくえき》の階段《かいだん》を上《あ》がって地上《ちじょう》に出《で》ると、目《め》の前《まえ》のスターバックスで、早朝《そうちょう》バイトを募集《ぼしゅう》していました。

（スターバックスは外国《がいこく》の会社《かいしゃ》だから、外国人《がいこくじん》というだけでは断《ことわ》られないかも？）

と、すぐに思《おも》いました。強《し》いて問題《もんだい》をあげるとすれば、私《わたし》はコーヒーが大《だい》の苦手《にがて》で、スターバックスには1回《かい》しか入《はい》ったことがないということだけです。でも、雇用条件《こようじょうけん》は私《わたし》の希望通《きぼうどお》りなので、とりあえず電話《でんわ》してみることにしました。自分《じぶん》が外国人《がいこくじん》であることも伝《つた》えましたが、問題《もんだい》ないと言《い》われ、その後《ご》採用《さいよう》が決《き》まりました。

働《はたら》きだしてから知《し》ったのですが、スターバックスという会社《かいしゃ》は、これまで聞《き》いたこともないほど、人《ひと》を大事《だいじ》にする会社《かいしゃ》でした。

「お客様《きゃくさま》にハッピーな感情《かんじょう》を伝《つた》えるためには、私《わたし》たち従業員《じゅうぎょういん》もハッピーでなければなりません。ですから、従業員《じゅうぎょういん》がいかに働《はたら》きやすい環境《かんきょう》をつくるかも、会社《かいしゃ》にとって重要《じゅうよう》なことなのです。会《かい》社《しゃ》はできるだけのサポートをするから、従業員《じゅうぎょういん》は最高《さいこう》の一杯《いっぱい》をつくってください！」

というポリシーをもつ会社《かいしゃ》だったのです。

お母《かあ》さんたちの工場《こうじょう》での働《はたら》き方《かた》を見《み》てきた私《わたし》にとって、こんなふうに考《かんが》える会社《かいしゃ》があるということは新鮮《しんせん》な驚《おどろ》きでした。日本語《にほんご》がわからないまま働《はたら》きだし、見《み》よう見《み》まねで仕事《しごと》を覚《おぼ》えて、工《こう》場《じょう》でも頼《たよ》られるほどになったのに、両親《りょうしん》の時給《じきゅう》はずっと700円《えん》でした。まわりの日本人《にほんじん》の社員《しゃいん》がボーナスをもらうときも、両親《りょうしん》はふだんの月給《げっきゅう》に5000円上乗《えんうわの》せされるだけでした。なので私《わたし》は、ボーナスというのは月給《げっきゅう》プラス５０００円《えん》のことだと長《なが》らく思《おも》っていました。

テレビなどでボーナス商戦《しょうせん》などというのを聞《き》いて、

（たった５０００円《えん》なのに、なんでテレビとか買《か》えるんだろう？）

とふしぎに思《おも》っていたのです。自分《じぶん》が就職活動《しゅうしょくかつどう》をするようになって、月給《げっきゅう》の何倍《なんばい》ものボーナスが出《で》る会社《かいしゃ》があると知《し》って、とても驚《おどろ》きました。

それに、両親《りょうしん》の知《し》り合《あ》いのイラン人労働者《じんろうどうしゃ》のあいだでは、「お給料《きゅうりょう》を払《はら》ってもらえなかった」「指《ゆび》を切断《せつだん》する事故《じこ》を起《お》こしても労災《ろうさい》にならず、病院《びょういん》に行《い》かせてくれなかった」（もちろん治療費《ちりょうひ》は全部自己負担《ぜんぶじこふたん》）といった話《はなし》をよく聞《き》いてきたので、

（会社《かいしゃ》って大変《たいへん》なところなんだなぁ。文字通《もじどお》り、身《み》を粉《こ》にして働《はたら》くところなんだなぁ）

と思《おも》っていたのです。

私《わたし》は「イラン系日本人《けいにほんじん》」なんだ！

スターバックスで働《はたら》きだすと、さすが都会《とかい》の店舗《てんぽ》だけあって、いろいろな国《くに》のお客様《きゃくさま》がいまし

た。そこで私《わたし》はいろいろな国《くに》の人《ひと》にまちがわれました。スペイン人《じん》には「スペイン人《じん》ですか？」、フランス人《じん》には「フランス人《じん》ですか？」と聞《き》かれ、トルコ人《じん》には「あなた、昔《むかし》なに人《じん》だった？」と聞《き》かれたりもしました。

また、ある日《ひ》の休憩時間中《きゅうけいじかんちゅう》、面接《めんせつ》に来《き》た外国人女性《がいこくじんじょせい》を一目《ひとめ》見《み》て、

（あれ！　イラン人《じん》⁈）

と思《おも》ったら、その人《ひと》はイタリア人《じん》だったということもありました。

「はじめて見《み》たとき、イラン人《じん》かと思《おも》ったよ〜」

あとになって彼女《かのじょ》にそう言《い》うと、

「私《わたし》だって、ナディを見《み》たときイタリア人《じん》かと思《おも》ったよ〜」

と、笑《わら》いあっていました。どうやら私《わたし》の顔《かお》は、ヨーロッパから南米《なんべい》、中東《ちゅうとう》まで幅広《はばひろ》く適応《てきおう》できるみたいです。それに気《き》がついたとき、これまで私《わたし》がこだわっていた「顔《かお》」と「国《くに》」って何《なん》なんだろうと思《おも》ったのです。

ちょうど同《おな》じころ、ＣＣＳで10年来《ねんらい》の友《とも》だちのマヌエルと一緒《いっしょ》に、何《なに》かの会合《かいごう》で自己紹介《じこしょうかい》をする機会《きかい》がありました。ふだんマヌエルは自分《じぶん》のことを「朝青龍《あさしょうりゅう》みたいな顔《かお》」と自称《じしょう》していますが、

「モンゴル人《じん》に見《み》えますが、日系《にっけい》アルゼンチン人《じん》です！　ルーツは日本《にほん》ですが、アルゼンチンのアイデンティティなんです」

と言《い》っていたのです。

そういえば、ほかの日系《にっけい》ブラジル人《じん》の友《とも》だちも、アイデンティティはブラジルだと言《い》っていました。日系人《にっけいじん》の人《ひと》たちは、顔《かお》だちが日本的《にほんてき》なので、当《あ》たり前《まえ》に日本語《にほんご》ができると思《おも》われがちですが、実際《じっさい》はそうでもなかったり、日本《にほん》の習慣《しゅうかん》に慣《な》れていないこともあり、多《おお》くの人《ひと》が悩《なや》んでいました。

「顔《かお》が中南米系《ちゅうなんべいけい》だったら、こんなに悩《なや》まなかったのに」

と言《い》っていた人《ひと》もいました。

自分《じぶん》の顔《かお》だちに悩《なや》み、そこだけにフォーカスしてきた私《わたし》は、ほかの視点《してん》に立《た》って考《かんが》えることをしていませんでした。マヌエルは、見《み》た目《め》と中身《なかみ》のギャップを気《き》にしていないどころか、「自分《じぶん》」というひとりの人《ひと》が、いくつもの要素《ようそ》を含《ふく》んでいることを前向《まえむ》きに認《みと》めていたのです。

「イラン人《じん》らしさ」「日本人《にほんじん》らしさ」という二《ふた》つの枠《わく》のどちらかに自分《じぶん》を当《あ》てはめようとしていた自分《じぶん》のまちがいに気《き》づきました。どちらかに１００％当《あ》てはまることなんて、ありえないのだとわかったのです。子《こ》どものころからCCSでいろいろなルーツの人《ひと》たちに出会《であ》っていたのに、なぜいままで気《き》がつかなかったのかふしぎです。

この瞬間《しゅんかん》、私《わたし》のアイデンティティ問題《もんだい》は終《お》わりをつげました。

「イラン生《う》まれで日本育《にほんそだ》ち、中身《なかみ》はほぼ日本人《にほんじん》。これが私《わたし》。イラン系《けい》の日本人《にほんじん》なんだ」

そうとらえ直《なお》すことができ、一気《いっき》に晴《は》れ晴《ば》れした気持《きも》ちになりました。

日本《にほん》のものづくりの現場《げんば》を支《ささ》えたい

そんなふうにして、アイデンティティをめぐる長年《ながねん》の悩《なや》みにも折《お》り合《あ》いがついていくなかで、就職活動《しゅうしょくかつどう》でも前向《まえむ》きな出会《であ》いがありました。

私《わたし》は文系《ぶんけい》でしたが、就活《しゅうかつ》をするうちに、技術《ぎじゅつ》にかかわる仕事《しごと》に携《たずさ》わりたいと考《かんが》えるようになりました。両親《りょうしん》は来日《らいにち》以来《いらい》、工場《こうじょう》で働《はたら》いていましたが、「メイド・イン・ジャパン」の技術《ぎじゅつ》にかかわっていることが二人《ふたり》の誇《ほこ》りでした。同《おな》じように日本《にほん》で働《はたら》いていたイラン人《じん》のひとりは、帰国《きこく》してからイランにつくった工場《こうじょう》に、自分《じぶん》が働《はたら》いていた地名《ちめい》にちなんで「HACHIOJI（八王子《はちおうじ》）」と名付《なづ》けたくらいです。

そうしたすがたを見《み》ていたからでしょうか。当時《とうじ》に比《くら》べて日本《にほん》のものづくりに活気《かっき》がないことが残念《ざんねん》で、それを支《ささ》える仕事《しごと》をしてみたいと思《おも》うようになりました。

そんななかで出会《であ》ったのが、いま勤《つと》めている会社《かいしゃ》でした。長《なが》い歴史《れきし》をもち、日本《にほん》のものづくりの技術《ぎじゅつ》を支《ささ》えてきた会社《かいしゃ》です。

私《わたし》が見学《けんがく》に行《い》ったときは新棟《しんとう》の建設中《けんせつちゅう》で、交通整理《こうつうせいり》をしていたおばさんが、前《まえ》を通《とお》る通行人《つうこうにん》すべてに律儀《りちぎ》にあいさつしていました。就活生《しゅうかつせい》だけでエレベーターに乗《の》って目的地《もくてきち》に向《む》かう際《さい》も、すれちがう社員《しゃいん》みんなが「こんにちは」とあいさつをしてくれました。

見学《けんがく》での印象《いんしょう》がよかったので面接《めんせつ》を受《う》けることにしました。面接《めんせつ》の日《ひ》、交通整理《こうつうせいり》のおばさんが、前回《ぜんかい》と同《おな》じように、私《わたし》にも「こんにちは」とあいさつをしてくれました。

「こんにちは。覚《おぼ》えてらっしゃらないかもしれませんが、前《まえ》にもこちらであいさつをしていただきました。きょう、この会社《かいしゃ》で面接《めんせつ》を受《う》けるんです。ちょっと緊張《きんちょう》していますが、きょうもあいさつしてもらって、なんだか受《う》け入《い》れてもらっているように感《かん》じてうれしくなりました。ありがとうございました」

そう伝《つた》えると、その人《ひと》は、

「人《ひと》と人《ひと》のつながりを大事《だいじ》にするというのがこの会社《かいしゃ》の方針《ほうしん》で、地域《ちいき》の人《ひと》にもきちんとあいさつするように言《い》われているんですよ。あなたもがんばってね。それだけしっかりあいさつできるんだから、きっと受《う》かるわよ」

会社《かいしゃ》に入《はい》る前《まえ》に、こんな会話《かいわ》を交《か》わして、ジーンと感動《かんどう》しました。委託先《いたくさき》の交通整理《こうつうせいり》のスタッフですら、社員《しゃいん》かそうでない人《ひと》か、日本人《にほんじん》か外国人《がいこくじん》かも関係《かんけい》なく、みんなにあいさつするような方針《ほうしん》が行《い》き届《とど》いているのだと、うれしい気持《きも》ちになりました。

日本語《にほんご》がわからないうちから地域《ちいき》の人《ひと》に助《たす》けてもらい、育《そだ》ててもらった私《わたし》は、人《ひと》とのつながりの大事《だいじ》さを、身《み》をもって体験《たいけん》してきました。だから、人《ひと》のつながりを大事《だいじ》にするというこの会社《かいしゃ》のポリシーに共感《きょうかん》をおぼえたのだと思《おも》います。

面接《めんせつ》で技術《ぎじゅつ》に携《たずさ》わりたいことを伝《つた》え、無事《ぶじ》にエンジニアとして採用《さいよう》が決《き》まりました。技術《ぎじゅつ》に関《かん》することは一《いち》から勉強《べんきょう》することになりましたが、文系《ぶんけい》・理系《りけい》にこだわらず、新《あたら》しい発想《はっそう》を現場《げんば》にもちこんでほしいという会社《かいしゃ》の姿勢《しせい》のあらわれです。

学生《がくせい》のころＣＣＳで活動《かつどう》していて、以来《いらい》ずっと私《わたし》のお姉《ねえ》さん的《てき》な存在《そんざい》の伸《のぶ》ちゃんに、内定《ないてい》が出《で》

たことを話《はな》すと、

「ナディすごいよ、先見《せんけん》の明《めい》がある！　いい会社《かいしゃ》だよ」

と言《い》ってくれました。そのことがうれしくて両親《りょうしん》に話《はな》すと、二人《ふたり》は私《わたし》以上《いじょう》に喜《よろこ》んでくれました。

両親《りょうしん》は、私《わたし》たちきょうだいが大《おお》きくなってから、自分《じぶん》たちのような低賃金《ていちんぎん》の長時間労働《ちょうじかんろうどう》をしてほしくないと思《おも》っていました。そのために大学《だいがく》まで通《かよ》わせて、日本人《にほんじん》と対等《たいとう》に働《はたら》ける職場《しょくば》に就職《しゅうしょく》してほしいと願《ねが》っていたのです。

その後《ご》この会社《かいしゃ》にずっと勤《つと》めて今年《ことし》で11年《ねん》めになりますが、私《わたし》のほかにも、さまざまな国籍《こくせき》や教育背景《きょういくはいけい》をもった社員《しゃいん》がいて、お互《たが》いそれを気《き》にすることもなく仕事《しごと》をしています。

第6章

私《わたし》はここにいます

結婚《けっこん》して、ますます多文化《たぶんか》になった私《わたし》

2015年《ねん》、私《わたし》は結婚《けっこん》することになりました。相手《あいて》のロナルドくんは、日本《にほん》とパラグアイのハーフ（ダブル）で生《う》まれはボリビア、日本国籍《にほんこくせき》です。日本人《にほんじん》どうしの結婚《けっこん》でもいろいろ大変《たいへん》なことは多《おお》いと思《おも》いますが、私《わたし》たちの場合《ばあい》、イラン・日本《にほん》・パラグアイと三《みっ》つのルーツが混《ま》ざるので、いっそう複雑《ふくざつ》です。その場合《ばあい》、問題《もんだい》はむしろ「選択肢《せんたくし》がありすぎる」ということでした。

たとえば姓《せい》の問題《もんだい》。私《わたし》が友《とも》だちに結婚《けっこん》の報告《ほうこく》をすると、かならずと言《い》っていいほど、

「名字《みょうじ》は何《なに》になるの？」

と聞《き》かれました。でも、私《わたし》の答《こた》えは「わからない」でした。外国籍《がいこくせき》の私《わたし》には戸籍《こせき》がありません。婚《こん》姻届《いんとどけ》を出《だ》したときも、夫《おっと》の戸籍《こせき》の備考欄《びこうらん》に「イラン国籍《こくせき》のナディと婚姻関係《こんいんかんけい》にあり」といった文《もん》言《ごん》が書《か》きこまれただけ。法律《ほうりつ》の上《うえ》では、私《わたし》とロナルドくんの姓《せい》を一緒《いっしょ》にする必要《ひつよう》はないのです。

でも、国際結婚《こくさいけっこん》で日本《にほん》あるいは外国《がいこく》の名字《みょうじ》になっている人《ひと》もいるので、ふしぎに思《おも》って役所《やくしょ》の人《ひと》に聞《き》いてみました。すると「それは好《この》みです」との返答《へんとう》。なんと！　名前《なまえ》ってこんなに融通《ゆうずう》が

利《き》くものなんですね。

どちらでもいいならと、私《わたし》は名前《なまえ》を変《か》えていないのですが、これはこれで不便《ふべん》もあります。たとえば宅配便《たくはいびん》の受《う》け取《と》りなどで、夫《おっと》が代理《だいり》で引《ひ》き取《と》りに行《い》っても名前《なまえ》がちがうので渡《わた》してもらえないとか。住所《じゅうしょ》が同《おな》じことなどを説明《せつめい》して、どうにか理解《りかい》してもらっています。もちろん、家《いえ》の表札《ひょうさつ》には二《ふた》つの名前《なまえ》を並《なら》べています。

一方《いっぽう》で、仮《かり》に夫《おっと》の姓《せい》を名乗《なの》った場合《ばあい》、住民票《じゅうみんひょう》や運転免許証《うんてんめんきょしょう》にもその姓《せい》は記載《きさい》されていないので、何《なに》かのときに身分《みぶん》を証明《しょうめい》できなくて困《こま》るかもしれないとも思《おも》います。

「ペルシャ語《ご》の名前《なまえ》はつけないの？」

さまざまなルーツのうち、どれを選択《せんたく》するかという問題《もんだい》は、子《こ》どもが生《う》まれたときにも直面《ちょくめん》しました。子《こ》どもの名前《なまえ》を考《かんが》えるとき、私《わたし》たちはネットで姓名判断《せいめいはんだん》サイトをいろいろ試《ため》し、ロナルドくんの名字《みょうじ》との組《く》み合《あ》わせで、いい字画《じかく》になる漢字《かんじ》の名前《なまえ》を考《かんが》えました。

ところが、それぞれの両親《りょうしん》や親戚《しんせき》からは、

「ペルシャ語《ご》の名前《なまえ》はどうするの?」

「スペイン語《ご》の名前《なまえ》は?」

「ミドルネームはいらないの?」

と、口《くち》ぐちに言《い》われるのです。

私《わたし》の本名《ほんみょう》はイランでもめずらしいほど長《なが》いもので、名字《みょうじ》が三《みっ》つに名前《なまえ》が二《ふた》つあります。日本《にほん》でいえば「山田《やまだ》・田中《たなか》・鈴木《すずき》・花子《はなこ》・幸子《さちこ》」みたいなものです。ローマ字《じ》で表記《ひょうき》すると約《やく》30文字《もじ》にもおよび、かならずと言《い》っていいほど名前欄《なまえらん》からはみ出《で》ます。手書《てが》きならまだ小《ちい》さい字《じ》で書《か》けばすみますが、インターネットなどで入力《にゅうりょく》すると字数制限《じすうせいげん》を超《こ》えてしまいます。運転免許証《うんてんめんきょしょう》には収《おさ》まりきらないので裏面《うらめん》にまでおよび、銀行《ぎんこう》の通帳《つうちょう》も手書《てが》きでないと収《おさ》まらないので、いつも窓口《まどぐち》で更新《こうしん》します。ミドルネームだって、「姓《せい》」「名《めい》」のどちらに記入《きにゅう》するべきものなのか、私《わたし》にはわかりません。

こうしたわずらわしさを子《こ》どもには味《あじ》わわせたくないと思《おも》ったので、日本式《にほんしき》の名前《なまえ》にしたのですが、親《おや》たちは、それぞれの国《くに》の呼《よ》び名《な》がほしいと言《い》いました。いちいち要望《ようぼう》を聞《き》き入《い》れていたら止《と》まらなそうなので、私《わたし》たちは「ご自由《じゆう》にどうぞ」と伝《つた》え、最初《さいしょ》のうちはそれぞれの文化圏《ぶんかけん》の名前《なまえ》で呼《よ》んでいましたが、いまではどちらの家族《かぞく》も正式《せいしき》な名前《なまえ》で呼《よ》ぶようになりました。

私《わたし》とイスラム教《きょう》の距離感《きょりかん》

小学生《しょうがくせい》のころはイスラム教《きょう》のルールと日本《にほん》の習慣《しゅうかん》との折《お》り合《あ》いに努力《どりょく》した私《わたし》ですが、成長《せいちょう》するうちにイスラム教徒《きょうと》としてのアイデンティティはしだいに薄《うす》れ、宗教上《しゅうきょうじょう》のルールもすべてを実践《じっせん》しているわけではありません。両親《りょうしん》がしているような1日《にち》5回《かい》のお祈《いの》りはしていませんし、髪《かみ》を隠《かく》すスカーフもつけずに生活《せいかつ》しています。豚肉《ぶたにく》とお酒《さけ》だけはいまも避《さ》けているので、コンビニやレストランでは、できるだけ材料《ざいりょう》を確認《かくにん》して、豚肉《ぶたにく》やポークエキス、ラード、お酒《さけ》が入《はい》っていないものを選《えら》んでいます。これは、私《わたし》の中《なか》では「宗教《しゅうきょう》だから守《まも》りたい」というよりも、「いままで習慣《しゅうかん》としてつづけてきた、意地《いじ》!」みたいな気持《きも》ちです。

ロナルドくんの家族《かぞく》はキリスト教徒《きょうと》なのですが、私《わたし》たちは結婚《けっこん》するとき話《はな》しあって、お互《たが》いの宗教事情《しゅうきょうじじょう》を尊重《そんちょう》しようと決《き》めました。子《こ》どもたちにも、どちらの宗教《しゅうきょう》も押《お》しつけず、本人《ほんにん》が選《えら》びたくなれば選《えら》べばいいと考《かんが》えています。

私《わたし》としては、敬虔《けいけん》なイスラム教徒《きょうと》の両親《りょうしん》に失礼《しつれい》のないようにと心《こころ》がけてきて、両親《りょうしん》もそれで納《なっ》得《とく》してくれているのではないかと思《おも》います。

「ええ〜、イスラム教《きょう》ってそんなにいい加減《かげん》でいいの？」と思《おも》われるかもしれません。でも、私《わたし》の経験《けいけん》から言《い》うとこれがふつうなんです。厳格《げんかく》なイスラム教《きょう》の国《くに》だと思《おも》われているイランでも、お祈《いの》りを1日《にち》5回《かい》していない人《ひと》もじつはたくさんいます。まして、イスラム文化《ぶんか》とは遠《とお》い日本《にほん》で育《そだ》てば、それぞれの家族《かぞく》でルールは十人十色《じゅうにんといろ》になってしまうのは自然《しぜん》なことかもしれません。

私《わたし》のまわりでも、敬虔《けいけん》なイスラム教徒《きょうと》の子《こ》は豚肉《ぶたにく》、お酒《さけ》はもちろん、牛肉《ぎゅうにく》や鶏肉《とりにく》もハラルフードしか口《くち》にしませんが、私《わたし》のようにスカーフをせず服装《ふくそう》もとくにこだわらない友《とも》だちもいますし、豚肉《ぶたにく》もお酒《さけ》もぜんぶOK！という友《とも》だちもいます。

私《わたし》の場合《ばあい》、豚肉《ぶたにく》とお酒《さけ》のルールだけは守《まも》っているので、ランチなどの際《さい》には、それらが入《はい》っていないメニューがあるお店《みせ》を探《さが》すことになります。

「手間《てま》かけてごめんね」と一緒《いっしょ》に食《た》べる人《ひと》に謝《あやま》りますが、ほとんどの友《とも》だちは理解《りかい》してくれているので、「平気《へいき》だよ、一緒《いっしょ》に食《た》べられるものを探《さが》せばいいだけじゃん」

と言《い》ってくれます。仕事先《しごとさき》でお客様《きゃくさま》と一緒《いっしょ》に食事《しょくじ》をするときも、私《わたし》に「何《なに》かだめなものはないですか」と気遣《きづか》ってもらったり、その土地《とち》の郷土料理《きょうどりょうり》を事前《じぜん》に調《しら》べて連《つ》れて行《い》ってもらったりしています。

「外国人《がいこくじん》として見《み》るのは無理《むり》がある」？

前《まえ》に書《か》いたように、私《わたし》は日本食《にほんしょく》が好《す》きなので、豚肉《ぶたにく》とお酒《さけ》さえ入《はい》っていなければ、ほとんどのものが食《た》べられます。自分《じぶん》ひとりのお昼《ひる》は、昆布《こんぶ》の佃煮《つくだに》とご飯《はん》に味噌汁《みそしる》だけでもじゅうぶん幸《しあわ》せを感《かん》じられます。

ママ友《とも》のミユキさんは、外国人《がいこくじん》の友《とも》だちがほしいと思《おも》っていた矢先《やさき》に私《わたし》と知《し》り合《あ》ったのを運命《うんめい》だと思《おも》っていたのに、だんだん私《わたし》を知《し》るうちに、外国人《がいこくじん》とは思《おも》えなくなったと言《い》っていました。

たしかにそうかもしれません。見《み》た目《め》はともかく、児童館《じどうかん》で一緒《いっしょ》に歌《うた》を歌《うた》うときも、

「あ、これ私《わたし》が小学生《しょうがくせい》のころにも『みんなのうた』でやってたね、懐《なつ》かしいね〜」

なんて意気投合《いきとうごう》できるのですから。

ママ友仲間《ともなかま》で、こんな会話《かいわ》もありました。

私《わたし》「聞《き》いて、Amazon Videoで『スラムダンク』が見《み》られるの！　懐《なつ》かしいよね～。オープニングやエンディングでZARDとか大黒摩季《おおぐろまき》とか流《なが》れると泣《な》きそうになるよ！」

コズエさん「うわー懐《なつ》かしい！　私《わたし》が台湾《たいわん》にいたころにも現地《げんち》で放送《ほうそう》されて流行《はや》ってたよ」

アリサさん「私《わたし》は、まだ小《ちい》さかったから覚《おぼ》えてないなー」

ミユキさん「私《わたし》も覚《おぼ》えてない！」

私《わたし》「そうなんだ。ジェネレーションギャップだね～」

そんなふうに共通《きょうつう》の話題《わだい》で懐《なつ》かしがることができる私《わたし》を、「外国人《がいこくじん》としてあつかうのは無理《むり》があるよね」と言《い》う友《とも》だちも多《おお》いです。

ますます多文化《たぶんか》になっていく日本《にほん》

こうして、日本《にほん》で教育《きょういく》を受《う》け、就職《しゅうしょく》し、結婚《けっこん》して子《こ》どもを生《う》んだ私《わたし》は、34歳《さい》になりました。

私《わたし》の顔《かお》だちだけ見《み》た人《ひと》は、「たまたま日本《にほん》にいる外国人《がいこくじん》で、いずれはどこかの国《くに》に帰《かえ》る人《ひと》」と思《おも》うかもしれません。でも、私《わたし》の居場所《いばしょ》はここ日本《にほん》。たとえ海外旅行《かいがいりょこう》に行《い》っても、私《わたし》が帰《かえ》ってくるのは日本《にほん》なのです。私《わたし》のように、日本《にほん》を「自分《じぶん》の帰《かえ》る場所《ばしょ》」と思《おも》う外国人《がいこくじん》は、ますますふえているのではないでしょうか。

生《う》まれた場所《ばしょ》とはちがう国《くに》や地域《ちいき》で生活《せいかつ》し、そこをふるさとだと思《おも》うようになる人《ひと》が、世界《せかい》にはおおぜいいます。日本《にほん》よりも先《さき》に、そういう人《ひと》と暮《く》らす時代《じだい》に突入《とつにゅう》している国《くに》がたくさんあります。そうした国《くに》では、見《み》た目《め》も文化《ぶんか》もちがった人《ひと》たちが、それぞれの歴史的背景《れきしてきはいけい》をふまえ、長《なが》い時間《じかん》をかけて関係《かんけい》を築《きず》きあげてきました。国《くに》によって程度《ていど》の差《さ》はありますが、どこでも試行錯誤《しこうさくご》をくりかえしています。

日本《にほん》が、無理《むり》をして一足飛《いっそくと》びにそうした社会《しゃかい》に移行《いこう》すべきだとはまったく思《おも》いません。日本《にほん》は日本《にほん》のやり方《かた》とペースで、少《すこ》しずつ対応《たいおう》していけばいいのだと私《わたし》は思《おも》います。

でも一方《いっぽう》で、すでに日本《にほん》には私《わたし》のような異文化《いぶんか》ルーツの人《ひと》が数多《かずおお》く住《す》んでいて、その数《かず》はふえつづけています。その存在《そんざい》は、もはや無視《むし》できる状況《じょうきょう》ではないのです。諸外国《しょがいこく》から学《まな》べることは学《まな》び、日本《にほん》に合《あ》うかたちを探《さぐ》りながら、さまざまなルーツをもつ人《ひと》との共生《きょうせい》をめざすことが必要《ひつよう》な時代《じだい》になってきました。

もちろん、それが急《きゅう》にはできないと私《わたし》もわかっています。日本《にほん》は、実際《じっさい》にはさまざまな文化的《ぶんかてき》背景《はいけい》の人《ひと》がいても、表面上《ひょうめんじょう》は同《おな》じような顔《かお》で、同《おな》じような習慣《しゅうかん》をもった人々《ひとびと》の社会《しゃかい》として自分《じぶん》たちを認識《にんしき》してきたからです。

あるとき、私《わたし》が息子《むすこ》と話《はな》しながら歩《ある》いていると、二人《ふたり》のおばあちゃんが話《はな》しかけてきました。

「とっても日本語《にほんご》お上手《じょうず》ね！　日本《にほん》は長《なが》いの？」

「はい、育《そだ》ちが日本《にほん》なんです」

「そうなの〜、何年《なんねん》くらい？」

「26年《ねん》になります」

「あら〜、そんなに長《なが》いのね！　じゃあもう日本人《にほんじん》ね！」

ひとりのおばあちゃんがそう言《い》うと、もうひとりが驚《おどろ》いて言《い》いました。

「え、でも生《う》まれはちがうんでしょ？」

「でも日本《にほん》に26年《ねん》も住《す》んでるのよ？」

「だって生《う》まれはちがうのよ？」

二人《ふたり》のやりとりは終《お》わりそうになかったので、私《わたし》は早々《そうそう》に息子《むすこ》にさよならを言《い》わせて、失礼《しつれい》しました。

この二人《ふたり》のおばあちゃんのように、「ずっと日本《にほん》で育《そだ》ってきた」ことに着目《ちゃくもく》するか、「生《う》まれが（あるいは国籍《こくせき》が）日本《にほん》か」に着目《ちゃくもく》するかによって、私《わたし》は日本人《にほんじん》だと言《い》われたり、日本人《にほんじん》じゃないと言《い》われたりします。そのとらえ方《かた》のちがいを埋《う》めるのは、なかなか容易《ようい》ではありません。

一方《いっぽう》で、マヌエルのように日系人《にっけいじん》で、顔《かお》だちも日本人《にほんじん》に近《ちか》いけれど、文化的《ぶんかてき》には別《べつ》のアイデンティティをもっている人《ひと》もいます。私《わたし》は、こうした変化《へんか》を「内《うち》なる国際化《こくさいか》」と呼《よ》んでいます。

「内《うち》なる国際化《こくさいか》」ってなんだろう

私《わたし》は、依頼《いらい》があれば小中学校《しょうちゅうがっこう》や高校《こうこう》、大学《だいがく》やいろいろな団体《だんたい》などで、自分《じぶん》の生《お》い立《た》ちや体験《たいけん》を話《はな》してきました。ある高校《こうこう》に呼《よ》ばれたときのことです。講演《こうえん》の中《なか》で私《わたし》は、

「『国際化《こくさいか》』とは、海外《かいがい》からの観光客《かんこうきゃく》が日本《にほん》に来《く》ることや、日本人《にほんじん》が外国《がいこく》に行《い》くことだけではなくて、日本《にほん》に住《す》む外国人《がいこくじん》や異文化《いぶんか》ルーツの人《ひと》がふえることでもあります。こうした国内《こくない》ですすむ国《こく》際化《さいか》を、私《わたし》は『内《うち》なる国際化《こくさいか》』と呼《よ》びます。私《わたし》のような異文化《いぶんか》ルーツの人《ひと》は、それを体現《たいげん》してい

るのです」

といったことをお話《はな》ししました。高校生《こうこうせい》たちは熱心《ねっしん》に私《わたし》の話《はなし》を聞《き》いてくれて、アンケートにも「前向《まえむ》きな気持《きも》ちになった」「自分《じぶん》が持《も》っている可能性《かのうせい》の広《ひろ》さを感《かん》じた」といった、うれしいメッセージを寄《よ》せてくれていました。

講演《こうえん》のあと、控《ひか》え室《しつ》にいた私《わたし》に、校長先生《こうちょうせんせい》があいさつに来《き》て言《い》いました。

校長先生《こうちょうせんせい》「本日《ほんじつ》はありがとうございました。生徒《せいと》たちも国際化《こくさいか》について、学《まな》ぶことが多《おお》かったと思《おも》います。私《わたし》たちの学校《がっこう》も、ようやく国際化《こくさいか》に対応《たいおう》するための予算《よさん》を確保《かくほ》できまして、来年《らいねん》は教員《きょういん》の研修《けんしゅう》でグアムに行《い》く予定《よてい》です！」

私《わたし》「……」

どうも、校長先生《こうちょうせんせい》は別《べつ》の予定《よてい》があって講演《こうえん》を聞《き》けなかったようですが、私《わたし》が伝《つた》えようとしたことと正反対《せいはんたい》の反応《はんのう》だったので、とても残念《ざんねん》でした。

「労働力《ろうどうりょく》」から「隣人《りんじん》」へ

こうした「内《うち》なる国際化《こくさいか》」がすすむ一方《いっぽう》で、日本《にほん》の政府《せいふ》は、これまで一貫《いっかん》して「移民《いみん》」を受《う》け入《い》れることに否定的《ひていてき》でした。外国《がいこく》から労働者《ろうどうしゃ》を受《う》け入《い》れるときも、「専門的《せんもんてき》な技能《ぎのう》のない単純労働者《たんじゅんろうどうしゃ》には、就労《しゅうろう》ビザを与《あた》えない」という原則《げんそく》を守《まも》ってきました。しかし実際《じっさい》には、経済《けいざい》のために外国人《がいこくじん》の労働力《ろうどうりょく》が必要《ひつよう》とされていたので、さまざまな抜《ぬ》け道《みち》が存在《そんざい》したのです。

１９８０年代《ねんだい》から90年代《ねんだい》には、私《わたし》の両親《りょうしん》のように観光《かんこう》ビザで入国《にゅうこく》し、超過滞在《ちょうかたいざい》で働《はたら》く人《ひと》が多《おお》くいました。その数《かず》は約《やく》30万人《まんにん》とも言《い》われています。警察《けいさつ》や入国管理局《にゅうこくかんりきょく》も、一定程度《いっていていど》それを黙認《もくにん》していました。しかし、一部《いちぶ》の外国人《がいこくじん》の犯罪《はんざい》や9・11テロなどを受《う》けて、非正規滞在者《ひせいきたいざいしゃ》への取《と》り締《し》まりが厳《きび》しくなり、多《おお》くの超過滞在者《ちょうかたいざいしゃ》が強制送還《きょうせいそうかん》され、新《あら》たな入国《にゅうこく》も制限《せいげん》されることになりました。

それでも、工場《こうじょう》などで働《はたら》く安《やす》い労働力《ろうどうりょく》は相変《あいか》わらず必要《ひつよう》でした。そこで、日系《にっけい》ブラジル人《じん》や日系《にっけい》ペルー人《じん》など、日本人《にほんじん》の「血《ち》を引《ひ》く」外国人《がいこくじん》に限《かぎ》った在留資格《ざいりゅうしかく》「定住者《ていじゅうしゃ》」を利用《りよう》して、１９９０年代《ねんだい》から２０００年代《ねんだい》に多《おお》くの南米系《なんべいけい》の日系人《にっけいじん》が来日《らいにち》しました。

さらに、「研修生《けんしゅうせい》」や「技能実習生《ぎのうじっしゅうせい》」などの新《あたら》しい在留資格《ざいりゅうしかく》もつくられました。これは、労働者《ろうどうしゃ》ではないという建《た》て前《まえ》のもとに、最低賃金《さいていちんぎん》以下《いか》で、また転職《てんしょく》や結婚《けっこん》などの自由《じゆう》を制限《せいげん》して働《はたら》かせることを可能《かのう》にする制度《せいど》でしたが、結果的《けっかてき》にさまざまな問題《もんだい》が生《しょう》じました。人権侵害《じんけんしんがい》だという批《ひ》判《はん》が絶《た》えず、受《う》け入《い》れ先《さき》の70％を超《こ》える職場《しょくば》で労働基準法違反《ろうどうきじゅんほういはん》が確認《かくにん》されたという調査《ちょうさ》もあります。

さらに最近《さいきん》は、「留学生《りゅうがくせい》」という建《た》て前《まえ》のもとに入国《にゅうこく》した外国人《がいこくじん》が、学費《がくひ》や国《くに》への仕送《しおく》りのためにコンビニや飲食店《いんしょくてん》で働《はたら》く例《れい》もふえています。もちろん、コンビニや飲食店《いんしょくてん》で慢性的《まんせいてき》な人手不足《ひとでぶそく》がつづく現実《げんじつ》がこの状況《じょうきょう》につながったのですが、教育《きょういく》よりも労働力《ろうどうりょく》として留学生《りゅうがくせい》を供給《きょうきゅう》することを目的《もくてき》としたような、悪質《あくしつ》な専門学校《せんもんがっこう》などもあるようです。

こうしたさまざまな抜《ぬ》け道《みち》は、「単純労働者《たんじゅんろうどうしゃ》＝移民《いみん》は受《う》け入《い》れない」という「建《た》て前《まえ》」と、外国人《がいこくじん》の労働力《ろうどうりょく》を使《つか》いたいという「本音《ほんね》」との折《お》り合《あ》いをつけるために制度化《せいどか》された面《めん》があると考《かんが》えられています。そうした外国人《がいこくじん》は、日本《にほん》に定住《ていじゅう》できない在留資格《ざいりゅうしかく》を与《あた》えられ、定《さだ》められた期間《きかん》が過《す》ぎたら本国《ほんごく》に帰《かえ》ることになります。外国人労働者《がいこくじんろうどうしゃ》には、日本《にほん》で働《はたら》いてほしいけれど、定着《ていちゃく》したり家族《かぞく》をつくったりはしてほしくない、という本音《ほんね》が制度《せいど》の根底《こんてい》に見《み》えると思《おも》いませんか。

２０１９年《ねん》に、新《あたら》しい在留資格《ざいりゅうしかく》として「特定技能《とくていぎのう》」がつくられました。これは、いままでのように「労働者《ろうどうしゃ》ではない」という建《た》て前《まえ》はとらず、一定《いってい》の技能《ぎのう》をもっていれば労働者《ろうどうしゃ》として受《う》け入《い》れるという、考《かん》え方《がた》の大《おお》きな変化《へんか》であるといわれています。これによって日本《にほん》にやってくる外国《がいこく》人労働者《じんろうどうしゃ》がどう変化《へんか》するのかは、私《わたし》にはわかりません。

しかし、私《わたし》が過去《かこ》から学《まな》んだことはあります。ここまで振《ふ》り返《かえ》ったように、過去《かこ》30年《ねん》のあいだ、労働力《ろうどうりょく》として多数《たすう》の外国人《がいこくじん》や異文化《いぶんか》ルーツの人《ひと》が日本《にほん》に入国《にゅうこく》し、働《はたら》き、結婚《けっこん》し、子《こ》どもを生《う》み育《そだ》ててきました。日本《にほん》はもう多文化《たぶんか》な社会《しゃかい》になり、外国人《がいこくじん》は「隣人《りんじん》」となっているということです。

異文化《いぶんか》ルーツの子《こ》どもたちの未来《みらい》

私自身《わたしじしん》は、観光《かんこう》ビザで入国《にゅうこく》して超過滞在《ちょうかたいざい》のまま育《そだ》ち、のちに在留特別許可《ざいりゅうとくべつきょか》を得《え》て、いまは日本《にほん》をふるさとと思《おも》い暮《く》らしています。私《わたし》は運良《うんよ》く日本《にほん》で合法的《ごうほうてき》に暮《く》らせるようになりましたが、私《わたし》がかつて置《お》かれていたような立場《たちば》に、いまも取《と》り残《のこ》されている子《こ》どもたちがいます。

私《わたし》が在留特別許可《ざいりゅうとくべつきょか》を得《え》てからもうすぐ20年《ねん》ですが、この間《かん》、在留特別許可《ざいりゅうとくべつきょか》に関《かん》するガイドライン（どういった場合《ばあい》に許可《きょか》されやすいかという目安《めやす》）は作《つく》られたものの、いまでも、許可《きょか》するかどうかは法務大臣《ほうむだいじん》の裁量《さいりょう》（自由《じゆう》に決《き》められること）のままです。

在留特別許可《ざいりゅうとくべつきょか》をもらってから、私《わたし》は日本《にほん》に対《たい》する感謝《かんしゃ》を忘《わす》れず、文字通《もじどお》り忠誠《ちゅうせい》を誓《ちか》う気持《きも》ちで、日本《にほん》のために役立《やくだ》とうとがんばってきました。それはいまでも変《か》わりませんし、今後《こんご》もつづきます。でも一方《いっぽう》で思《おも》うのは、強制送還《きょうせいそうかん》になってしまった子《こ》どもたちのことです。その中《なか》には、私《わたし》と同《おな》じく日本《にほん》でがんばろうと思《おも》っていた子《こ》どももいたはずでした。その子《こ》たちが報《むく》われず、私《わたし》に許《きょ》可《か》がおりたのはなぜなのかと、いまでもつらい気持《きも》ちになります。

幼《おさな》いころ親《おや》とともに入国《にゅうこく》した子《こ》どもや、日本《にほん》に来《き》てから生《う》まれた子《こ》どもは、自分《じぶん》の意思《いし》でやってきたわけではありません。たまたま移住労働者《いじゅうろうどうしゃ》の親《おや》のもとに生《う》まれたことで、非正規滞在《ひせいきたいざい》という不安定《ふあんてい》な状態《じょうたい》におかれてしまうのは、本人《ほんにん》の責任《せきにん》ではないのです。

私《わたし》や弟《おとうと》たちもそうでしたが、日本社会《にほんしゃかい》に適応《てきおう》しようとするほど、日本語《にほんご》を覚《おぼ》え、文化《ぶんか》や習慣《しゅうかん》も合《あ》わせようと努力《どりょく》します。そうして日本《にほん》の生活《せいかつ》になじんだ子《こ》どもが、私《わたし》のように、親《おや》の祖国《そこく》に戻《もど》り「ここがあなたのふるさとだ」と言《い》われても、素直《すなお》に「そうだったんですね」とは思《おも》えなくなってしまいます。できるだけ本人《ほんにん》の意向《いこう》を尊重《そんちょう》し、その子《こ》がふるさとだと感《かん》じる国《くに》で育《そだ》っていけるようにしてほしいと願《ねが》います。

子《こ》どもは世界中《せかいじゅう》のどこで生《う》まれても、どこにいても、守《まも》られる存在《そんざい》であってほしいと私《わたし》は思《おも》います。子《こ》どもは大人《おとな》のすがたを見《み》て学《まな》ぶものです。守《まも》られる体験《たいけん》をした子《こ》どもは、生涯《しょうがい》それを忘《わす》れることはなく、いつかどこかで、だれかを守《まも》る存在《そんざい》になると思《おも》いませんか。

聞《き》こえにくいSOSに耳《みみ》を澄《す》まして

非正規滞在者《ひせいきたいざいしゃ》のほかにも、さまざまな在留資格《ざいりゅうしかく》で日本《にほん》に来《き》た親《おや》や、国際結婚《こくさいけっこん》の家庭《かてい》に生《う》まれた異文化《いぶんか》ルーツの子《こ》どもが日本《にほん》におおぜいいます。外国籍《がいこくせき》の子《こ》どもは全国《ぜんこく》でおよそ8万人《まんにん》、日本国籍《にほんこくせき》のある子《こ》も含《ふく》めて、日本語《にほんご》の指導《しどう》を必要《ひつよう》とする生徒《せいと》は約《やく》4万《まん》4000人《にん》いるそうです（2016年度《ねんど》、文部科学省調《もんぶかがくしょうしら》べ）。さらに、近年《きんねん》の報道《ほうどう》によれば、学校《がっこう》に行《い》っていない未就学児《みしゅうがくじ》がおよそ8400人《にん》と推計《すいけい》されるそうです。

私《わたし》が小学校《しょうがっこう》に通《かよ》えるようになった1994年《ねん》は、日本《にほん》が「子《こ》どもの権利条約《けんりじょうやく》」を批准《ひじゅん》した年《とし》でした。この条約《じょうやく》によって、あらゆる子《こ》どもの教育権《きょういくけん》の保障《ほしょう》が政府《せいふ》に義務《ぎむ》づけられ、日本《にほん》でも外国籍児童《がいこくせきじどう》が公立学校《こうりつがっこう》に通《かよ》えることになったのです。しかし、学校《がっこう》に通《かよ》わせるのは義務《ぎむ》ではないとされているため、親《おや》が希望《きぼう》しなければ就学《しゅうがく》できません。

希望《きぼう》しない理由《りゆう》も、日本語《にほんご》ができない生徒《せいと》や保護者《ほごしゃ》へのサポートの不足《ふそく》など、かならずしも親《おや》の無理解《むりかい》だけが理由《りゆう》ではありません。

たとえ学校《がっこう》に入学《にゅうがく》できても、日本語能力《にほんごのうりょく》が不十分《ふじゅうぶん》だったり、日本《にほん》の習慣《しゅうかん》に不慣《ふな》れな場合《ばあい》、さまざまな困難《こんなん》に直面《ちょくめん》します。教科書《きょうかしょ》が読《よ》めない。九九《くく》を暗記《あんき》していない。ボールの投《な》げ方《かた》、絵《え》の具《ぐ》の使《つか》い方《かた》がわからない。お箸《はし》が使《つか》えない。宗教上《しゅうきょうじょう》の理由《りゆう》や日本食《にほんしょく》に慣《な》れていないために給食《きゅうしょく》を食《た》べられない……多《おお》くが私《わたし》の経験《けいけん》したことです。

親《おや》にとっても、日本《にほん》の学校制度《がっこうせいど》はわからないことだらけです。夏休《なつやす》みの自由研究《じゆうけんきゅう》ってなんなのか。「お道具箱《どうぐばこ》」ってなんなのか。学校指定《がっこうしてい》の上履《うわば》きがどこで売《う》られているのか。体操服《たいそうふく》のゼッケンの付《つ》け方《かた》……などなど。子《こ》ども自身《じしん》も親《おや》も、何《なに》がわからないのかがわからず、どこに相談《そうだん》していいのかもわからないのです。

就学《しゅうがく》はしたものの、こうした五里霧中《ごりむちゅう》の状態《じょうたい》におかれ、授業《じゅぎょう》についていけず、結局《けっきょく》ドロップアウトしてしまう子《こ》どもは少《すく》なくありません。私《わたし》がCCSで出会《であ》った先輩《せんぱい》たちの中《なか》でも、全日制《ぜんにちせい》や定時制《ていじせい》の高校《こうこう》に進学《しんがく》する人《ひと》はとても少《すく》なく、進学《しんがく》しても中退《ちゅうたい》する人《ひと》がおおぜいいました。

教育機会《きょういくきかい》を奪《うば》われたまま成長《せいちょう》すると、母文化《ぼぶんか》と日本文化《にほんぶんか》の両方《りょうほう》ともが中途半端《ちゅうとはんぱ》な状態《じょうたい》になります。母国《ぼこく》と日本《にほん》のどちらにおいても、学習《がくしゅう》レベルが低《ひく》いままになり、将来《しょうらい》就《つ》ける仕事《しごと》の選択肢《せんたくし》が狭《せば》まるなど、さまざまな機会《きかい》を奪《うば》われてしまいます。

子《こ》どもの権利条約批准《けんりじょうやくひじゅん》から25年《ねん》がたった現在《げんざい》でも、異文化《いぶんか》ルーツの子《こ》どもに配慮《はいりょ》した法整備《ほうせいび》はほとんどありません。私自身《わたしじしん》は、地域《ちいき》の人《ひと》や学校《がっこう》の先生《せんせい》、ＣＣＳのボランティア学生《がくせい》など、さまざまな人《ひと》の支援《しえん》に助《たす》けられてきましたが、25年《ねん》たったいまも、相変《あいか》わらずこの分野《ぶんや》は教員《きょういん》の善意《ぜんい》やボランティア頼《だの》みが現実《げんじつ》のようです。

長《なが》いあいだ日本《にほん》に住《す》んでいるのに、日本語《にほんご》がじゅうぶんできない異文化《いぶんか》ルーツの人《ひと》に疑問《ぎもん》をもったことがある人《ひと》もいるかもしれません。しかし、その背景《はいけい》のひとつがこのようなことなのです。問題《もんだい》をすべて彼《かれ》らに押《お》しつけてもいいのでしょうか。

これから日本社会《にほんしゃかい》がますます多《おお》くの外国人《がいこくじん》を受《う》け入《い》れていくのなら、外国籍《がいこくせき》や異文化《いぶんか》ルーツの子《こ》どもへの教育支援《きょういくしえん》は必須《ひっす》です。当事者《とうじしゃ》からのＳＯＳが届《とど》きにくいことも一因《いちいん》だと思《おも》いますが、いまからでも早急《さっきゅう》に教育環境《きょういくかんきょう》を整《ととの》えていくべきだと思《おも》います。

親世代《おやせだい》の葛藤《かっとう》を知《し》って

子《こ》どもとはちがい、自分《じぶん》の選択《せんたく》で来日《らいにち》した親世代《おやせだい》は、長《なが》い時間《じかん》の経過《けいか》をどんなふうに感《かん》じているのでしょうか。私《わたし》の家族《かぞく》にすべての外国人《がいこくじん》を代表《だいひょう》させることはできませんが、身近《みぢか》な一例《いちれい》として両親《りょうしん》のことを書《か》いてみます。

私《わたし》のお母《かあ》さんは、日本語《にほんご》の日常会話《にちじょうかいわ》はまあまあできますが、漢字《かんじ》まじりの読《よ》み書《か》きはできません。最近《さいきん》、読《よ》み書《か》きを学《まな》ぶために日本語教室《にほんごきょうしつ》に通《かよ》いはじめましたが、週《しゅう》2時間《じかん》の勉強《べんきょう》では、すぐには覚《おぼ》えられません。この教室《きょうしつ》も市民《しみん》ボランティアが支《ささ》えていますが、受講希望者《じゅこうきぼうしゃ》が多《おお》すぎるので、ひとり2年《ねん》までというルールに最近変更《さいきんへんこう》されたらしく、お母《かあ》さんは落《お》ちこんでいました。60歳近《さいちか》い大人《おとな》が、仕事《しごと》の合間《あいま》に2年《ねん》で外国語《がいこくご》を習得《しゅうとく》するのが容易《ようい》ではないことは想像《そうぞう》できると思《おも》います。

私《わたし》の家族《かぞく》の場合《ばあい》、両親《りょうしん》の健康診断《けんこうしんだん》の問診票《もんしんひょう》は、毎回私《まいかいわたし》や弟《おとうと》が聞《き》き取《と》って代筆《だいひつ》しています。その会話《かいわ》はこんな感《かん》じです。

私《わたし》「便《べん》は1日何回《にちなんかい》？」
母《はは》「べんってなに？」
私《わたし》「うんちだよ」
母《はは》「あー、1回《かい》かな」
私《わたし》「うんちは硬《かた》い？　やわらかい？」
母《はは》「いやだわ〜……ふつうかな」
私《わたし》「硬《かた》いかやわらかいかで答《こた》えて！」
母《はは》「じゃあ、硬《かた》い」
私《わたし》「色《いろ》は？　血《ち》とか混《ま》ざってない？」
母《はは》「……いやだわ〜……」

なかなかシュールですが、外国人家庭《がいこくじんかてい》ではよくある光景《こうけい》だと思《おも》います。市役所《しやくしょ》から届《とど》く書類《しょるい》が読《よ》めない、回覧板《かいらんばん》の内容《ないよう》がわからない、携帯電話《けいたいでんわ》の操作《そうさ》がわからない……などなど。小学生《しょうがくせい》のころから親《おや》にかわって対応《たいおう》してあげていましたが、10年《ねん》ほど前《まえ》から、お母《かあ》さんに頼《たの》まれても、すぐには読《よ》まなくなりました。

私《わたし》「まずは自分《じぶん》で考《かんが》えてよ。少《すこ》しでも読《よ》めそうなところはないのか、ちゃんと見《み》てみた？」

母《はは》「見《み》たけど漢字《かんじ》だらけでわからないし、あなたが読《よ》んだほうが早《はや》くて正確《せいかく》なんだから、お願《ねが》いよ」

私《わたし》「いつ私《わたし》が死《し》ぬかもわからないんだから、自分《じぶん》でできる方法《ほうほう》を探《さが》したほうがいいよ！」

母《はは》「そんなこと言《い》わずに読《よ》んでよー。お願《ねが》い、お願《ねが》いします」

と、しばらく押《お》し問答《もんどう》のうえで、しぶしぶ読《よ》んでいます。両親《りょうしん》とも長年《ながねん》仕事《しごと》漬《づ》けで、しかたないとわかってはいますが、いまからでも読《よ》めるようになってほしいので、ついスパルタ式《しき》になってしまうのです。

最近《さいきん》、お母《かあ》さんからこんなふうに言《い》われました。

「いつも代《か》わりに読《よ》み書《か》きしてくれてありがとうね。私《わたし》も、自分《じぶん》のお母《かあ》さんにこうやって親孝行《おやこうこう》したかったなあ。歳《とし》をとって困《こま》ったこともあっただろうに。まさか、こんなに離《はな》れて暮《く》らすことになるなんて思《おも》ってもいなかったからね。お母《かあ》さんが亡《な》くなるまで帰《かえ》れないと知《し》っていたら、イランにいるうちにもっといろんなことをしてあげたかったな」

自分《じぶん》たちの人生《じんせい》の大半《たいはん》を費《つい》やして、私《わたし》を大学《だいがく》まで行《い》かせたのだから、それくらいしてもらって当然《とうぜん》だと思《おも》ってもふしぎはないと思《おも》いますが、お母《かあ》さんは私《わたし》に漢字《かんじ》を読《よ》んでもらうのを「親孝行《おやこうこう》」だととらえ、自分《じぶん》の親《おや》にも何《なに》かしてあげたかったと悔《く》やんでいたのです。

歳《とし》をとればだれでも、それまでできていたことができなくなり、子《こ》どもや周囲《しゅうい》に頼《たよ》ることになります。私《わたし》の両親《りょうしん》は、本国《ほんごく》にいれば自分《じぶん》で読《よ》み書《か》きもでき、子《こ》どもに頼《たよ》る必要《ひつよう》はなかったのですが、日本《にほん》に来《き》たことで、一足先《ひとあしさき》に頼《たよ》ることが多《おお》い人生《じんせい》になりました。でも、それだけが悩《なや》みではなかったことを知《し》って悲《かな》しい気持《きも》ちになりました。

日本《にほん》に来《き》てからのたくさんの苦労《くろう》の先《さき》にあったのは、「自分《じぶん》の親《おや》が亡《な》くなる前《まえ》に親孝行《おやこうこう》したかった」という思《おも》いでした。日本《にほん》で生《う》まれ育《そだ》った人《ひと》も、そんなふうに思《おも》うことがあると思《おも》います。外《がい》国人《こくじん》や異文化《いぶんか》ルーツの私《わたし》たちも同《おな》じです。

私《わたし》の気持《きも》ち、語《かた》ってもいいですか

日本《にほん》に来《き》てからの28年間《ねんかん》で、壁《かべ》という壁《かべ》には当《あ》たりつくした！　と自分《じぶん》で思《おも》っていました。この先《さき》もう大《おお》きな壁《かべ》はないだろう、と。でも、この本《ほん》を書《か》いている最中《さいちゅう》にも、大《おお》きな壁《かべ》にぶつかりました。それは、自分《じぶん》の意思《いし》や要望《ようぼう》が書《か》けない、ということでした。

両親《りょうしん》からは、ことあるごとに、

「私《わたし》たちは日本《にほん》に住《す》まわせてもらっているんだ。日本人《にほんじん》に嫌《きら》われたら住《す》めなくなるんだよ」

と言《い》われてきました。在留特別許可《ざいりゅうとくべつきょか》をもらえたときも、合法的《ごうほうてき》に暮《く》らせるようになったのは日本《にほん》のおかげなのだから、それに応《こた》えてまじめに生《い》きなければと思《おも》いました。そのことは事実《じじつ》だと思《おも》っていますし、いまも心《こころ》から感謝《かんしゃ》しています。ただ、そこから派生《はせい》して、「日本《にほん》に住《す》まわせてもらっているのだから、外国人《がいこくじん》の権利《けんり》や環境《かんきょう》に関《かん》して、何《なに》かを主張《しゅちょう》したり要求《ようきゅう》したりする権利《けんり》はない」と長《なが》らく無意識《むいしき》に思《おも》っていたのです。

でも、この本《ほん》を書《か》いている最中《さいちゅう》に、それがまちがっていると気《き》がつきました。自分《じぶん》の思《おも》いや主張《しゅちょう》を言葉《ことば》にすることは、この世界《せかい》に生《い》きるすべての人《ひと》が人権《じんけん》として平等《びょうどう》にもつ権利《けんり》だと、はじめて気《き》がついたからです。気《き》づいた瞬間《しゅんかん》、胸《むね》の奥《おく》からこみあげるものがありました。

私《わたし》の人権《じんけん》はイランに置《お》いてきたもので、日本《にほん》では黙《だま》っているべきだと思《おも》っていました。

でも、いまなら私《わたし》はこう言《い》えます。

私《わたし》のふるさとは、日本《にほん》です。この先《さき》も日本《にほん》で暮《く》らしていきます。私《わたし》の経験《けいけん》が、いつか日本《にほん》のどこかで、性別《せいべつ》や年齢《ねんれい》、見《み》た目《め》、国籍《こくせき》などを超《こ》えて、だれかの役《やく》に立《た》つことがあれば、それは私《わたし》にとってこの上《うえ》ない喜《よろこ》びです。

おわりに――私《わたし》たちはもう一緒《いっしょ》に生《い》きています

外国人労働者《がいこくじんろうどうしゃ》が流入《りゅうにゅう》し、日本社会《にほんしゃかい》の「内《うち》なる国際化《こくさいか》」が顕著《けんちょ》になってすでに30年《ねん》がたちました。これまで、国会《こっかい》やメディアなどでも、外国人労働者《がいこくじんろうどうしゃ》は「労働力《ろうどうりょく》」という観点《かんてん》でしか、あるいは日《に》本社会《ほんしゃかい》の治安《ちあん》や一体感《いったいかん》を乱《みだ》す「よそもの」としてしか、語《かた》られてきませんでした。それに対《たい》して、異文化《いぶんか》ルーツの当事者《とうじしゃ》が、みずからの言葉《ことば》で日本《にほん》での暮《く》らしを語《かた》ることは少《すく》なかったと思《おも》います。異文化《いぶんか》ルーツの人《ひと》たちを取《と》り巻《ま》く地域《ちいき》、学校《がっこう》、社会《しゃかい》、仕事《しごと》、家族《かぞく》、それらがもたらす将来《しょうらい》のこと。私《わたし》の経験《けいけん》をレンズのようにして、統計上《とうけいじょう》の数字《すうじ》ではない彼《かれ》らの生活《せいかつ》が、みなさんに想像《そうぞう》しやすく伝《つた》われば、とてもうれしいです。

何《なに》かを必要《ひつよう》とする人《ひと》が近《ちか》くにいたとき、その人《ひと》が「なに人《じん》であるか」と考《かんが》えるよりも、「何《なに》が必《ひつ》要《よう》なのか」を考《かんが》えるほうが、ずっとたいせつだと私《わたし》は思《おも》います。生《う》まれや育《そだ》ちにとらわれず、性《せい》別《べつ》、年齢《ねんれい》、見《み》た目《め》、国籍《こくせき》など、お互《たが》いの環境《かんきょう》をいかに多角的《たかくてき》に想像《そうぞう》しあえるかが、とても重要《じゅうよう》なことだと思《おも》います。困《こま》っている人《ひと》がいれば、助《たす》けあえばいいのです。来日《らいにち》したての私《わたし》たちに、日《に》本《ほん》のご近所《きんじょ》さんたちがしてくれたように。

この本《ほん》を書《か》くにあたり、外国人《がいこくじん》に関《かん》する日本《にほん》の法律《ほうりつ》や経済情勢《けいざいじょうせい》の変化《へんか》についても調《しら》べてみました。私《わたし》が歩《あゆ》んできた人生《じんせい》が、そのときどきの国際関係《こくさいかんけい》や法律《ほうりつ》、行政《ぎょうせい》の判断《はんだん》などに翻弄《ほんろう》されてきたことがわかりました。イラン・イラク戦争《せんそう》、日本《にほん》とイランの査証免除《さしょうめんじょ》の停止《ていし》、子《こ》どもの権利条約《けんりじょうやく》の批准《ひじゅん》、在留特別許可《ざいりゅうとくべつきょか》……。ふだんはあまり身近《みぢか》に感《かん》じることがない法律《ほうりつ》や国際情勢《こくさいじょうせい》が、こんなにも私《わたし》の人生《じんせい》を左右《さゆう》してきたなんて、振《ふ》り返《かえ》ってあらためて驚《おどろ》きました。

法律《ほうりつ》や社会《しゃかい》のありかたは、時間《じかん》をかけてだんだんと人《ひと》に寄《よ》り添《そ》うかたちに変化《へんか》していくものです。しかし、その変化《へんか》の過程《かてい》で取《と》り残《のこ》されてしまう人《ひと》がいることを忘《わす》れてはいけないと強《つよ》く思《おも》います。

これは、日本《にほん》で育《そだ》った日本人《にほんじん》にも無関係《むかんけい》ではありません。「外国人労働者《がいこくじんろうどうしゃ》」や「超過滞在《ちょうかたいざい》」と聞《き》いても他人事《ひとごと》にしか思《おも》えない人《ひと》も、「就職氷河期《しゅうしょくひょうがき》」や「リーマンショック」「新卒至上主義《しんそつしじょうしゅぎ》」「ゆとり教育《きょういく》」「保育園落《ほいくえんお》ちた」などと聞《き》けば、どれかに心当《こころあ》たりのある人《ひと》は多《おお》いでしょう。本人《ほんにん》の意思《いし》とは関係《かんけい》なく、そのときどきの経済状況《けいざいじょうきょう》や社会環境《しゃかいかんきょう》が、個人《こじん》の未来《みらい》に影響《えいきょう》をおよぼすことは、この先《さき》もかならずあるはずです。

本人《ほんにん》の努力不足《どりょくぶそく》を指摘《してき》し、自己責任《じこせきにん》だと切《き》り捨《す》てるのはかんたんです。しかし、それでは何《なに》も変《か》わりません。順調《じゅんちょう》なルートを一度踏《いちどふ》み外《はず》しても、そこから脱却《だっきゃく》できる環境《かんきょう》を社会全体《しゃかいぜんたい》で整《ととの》えることがたいせつではないでしょうか。

一度踏《いちどふ》み外《はず》したらリカバリーのきかない社会《しゃかい》が変《か》われば、多《おお》くの人《ひと》が生《い》きやすくなると思《おも》います。「多様性《たようせい》を認《みと》める」とは、そのような社会《しゃかい》をめざすということではないでしょうか。

「日本人《にほんじん》らしい日本人《にほんじん》」や「外国人《がいこくじん》らしい外国人《がいこくじん》」だけの時代《じだい》はもう終《お》わろうとしています。私《わたし》たちは、見《み》た目《め》や国籍《こくせき》を超《こ》えて、同《おな》じ社会《しゃかい》でともに生《い》きています。

私《わたし》のふるさとも、ここ日本《にほん》です。

あとがき

私《わたし》の子《こ》ども時代《じだい》の体験《たいけん》を本《ほん》というかたちで記録《きろく》に残《のこ》すことを、大月書店《おおつきしょてん》の岩下《いわした》さんからすすめられたのは、19歳《さい》、高校《こうこう》3年生《ねんせい》のころだったと思《おも》います。依頼《いらい》を受《う》けた当時《とうじ》は、自分《じぶん》がなに人《じん》であるかを悩《なや》みもがいていた真《ま》っ最中《さいちゅう》でした。原稿《げんこう》を書《か》いている最中《さいちゅう》は、ちょっとした身《み》のまわりの環境《かんきょう》や、世界情勢《せかいじょうせい》の変化《へんか》で気持《きも》ちが揺《ゆ》らいでいました。書《か》こうとしても、なかなか筆《ふで》がすすみませんでした。

就職《しゅうしょく》してからは、がむしゃらに働《はたら》いていましたが、あるときから、無意識《むいしき》に過去《かこ》が頭《あたま》の中《なか》でよみがえり、涙《なみだ》を流《なが》すことがつづきました。小《ちい》さかったころの私《わたし》が、いろいろな思《おも》い出《で》の場所《ばしょ》から、いまの私《わたし》を見《み》ている光景《こうけい》が頭《あたま》にうかぶのです。最初《さいしょ》は人《ひと》に話《はな》せませんでしたが、何《なん》か月《げつ》かして、異文化《いぶんか》ルーツの友人《ゆうじん》たちといるときに、このできごとのことを話《はな》しました。

「いまが幸《しあわ》せだから、きっと過去《かこ》を思《おも》い出《だ》すんだよ」

と言《い》われたとき、別《べつ》の涙《なみだ》が流《なが》れ、それ以来《いらい》、過去《かこ》が頭《あたま》によみがえることはなくなりました。そして、私《わたし》が経験《けいけん》してきたことを、本《ほん》にするべきだと自分《じぶん》で感《かん》じました。

いまから5年前《ねんまえ》、当時《とうじ》CCSで一緒《いっしょ》に活動《かつどう》していた田極泰平《たごくたいへい》くんにこの話《はなし》をしたとき、「手伝《てつだ》うから形《かたち》にしよう」と言《い》ってもらえたのです。その後《ご》、田極《たごく》くんの手助《てだす》けを得《え》ながら、少《すこ》しずつ頭《あたま》の中《なか》と過去《かこ》の記憶《きおく》を整理《せいり》し、15年《ねん》もの時《とき》を経《へ》てようやく出版《しゅっぱん》に至《いた》りました。

この数年《すうねん》で、外国人労働者《がいこくじんろうどうしゃ》の受《う》け入《い》れが国会《こっかい》やメディアでも議論《ぎろん》され、「移民社会《いみんしゃかい》」という言葉《ことば》も日常的《にちじょうてき》に耳《みみ》にするようになりました。しかし、その労働者《ろうどうしゃ》にも家族《かぞく》がいることや、来日《らいにち》した彼《かれ》らの日々《ひび》の暮《く》らしを本書《ほんしょ》から知《し》っていただけたらうれしいです。

私《わたし》は日本《にほん》のことが大好《だいす》きです。それは「恋《こい》は盲目《もうもく》」という言葉《ことば》にも近《ちか》い感覚《かんかく》です。満員電車《まんいんでんしゃ》も、働《はたら》きすぎなところも、外国人《がいこくじん》慣《な》れしていないところも、もう全部《ぜんぶ》が好《す》きです。サッカーの国際試合《こくさいじあい》でも応援《おうえん》するのは日本代表《にほんだいひょう》で、持《も》っているユニフォームも日本代表《にほんだいひょう》のものだけです。海外旅行《かいがいりょこう》に行《い》っても、1週間《しゅうかん》もすると日本食《にほんしょく》が恋《こい》しくなり、2週間《しゅうかん》もたてば早《はや》く日本《にほん》に帰《かえ》りたくなります。これからも、私《わたし》が暮《く》らしていくのは、ここ日本《にほん》です。

私《わたし》たち家族《かぞく》に在留特別許可《ざいりゅうとくべつきょか》を与《あた》えてくださった法務大臣《ほうむだいじん》に、心《こころ》より感謝申《かんしゃもう》し上《あ》げます。

最後《さいご》に、この本《ほん》を書《か》くうえでお世話《せわ》になった岩下結《いわしたゆう》さん、村地春子《むらちはるこ》さん、田極泰平《たごくたいへい》さん、登場《とうじょう》いただいた関係者《かんけいしゃ》のみなさまに深《ふか》く感謝《かんしゃ》の気持《きも》ちを伝《つた》えたいと思《おも》います。

原稿《げんこう》を書《か》くとき、いつも子《こ》どもたちを預《あず》かってくれた両親《りょうしん》へ、まだまだスパルタ親孝行《おやこうこう》はつづきます。出版《しゅっぱん》を喜《よろこ》んでくれた夫《おっと》と子《こ》どもたち、これからも末永《すえなが》く愉快《ゆかい》なファミリーをめざして、よろしくお願《ねが》いいたします。

2019年《ねん》5月《がつ》

ナディ

解《かい》説《せつ》

山口元一《やまぐちげんいち》（弁護士《べんごし》）

　この本《ほん》を書《か》いたナディさんは、もともと「ビザのない外国人《がいこくじん》」でした。正確《せいかく》には「在留資格《ざいりゅうしかく》のない外国人《がいこくじん》」ということですが、ニュースや日常会話《にちじょうかいわ》ではあまりきちんと区別《くべつ》していないので、ここでは「ビザのない外国人《がいこくじん》」ということで話《はなし》をすすめましょう。

　ところで、みなさんは「ビザのない外国人《がいこくじん》」と聞《き》いて何《なに》を思《おも》いうかべるでしょうか？　ニュースで見《み》た、アメリカとメキシコの国境《こっきょう》に集《あつ》まる「不法移民《ふほういみん》」の家族《かぞく》のすがた、テレビのドキュメンタリー番組《ばんぐみ》で見《み》た、警察《けいさつ》や入国管理局《にゅうこくかんりきょく》の家宅捜索《かたくそうさく》の場面《ばめん》で手錠《てじょう》をかけられてバンに乗《の》せられる人《ひと》たち……ただ、なぜビザのない人《ひと》たちがいるのか、彼《かれ》らは何《なに》を思《おも》い、どんな暮《く》らしをしているのか、知《し》っている人《ひと》は少《すく》ないと思《おも》います。そもそも、日本《にほん》にビザのない外国人《がいこくじん》がいることじたい、よく知《し》らないという人《ひと》も多《おお》いでしょう。

　世界《せかい》には190を超《こ》える数《かず》の国《くに》があります。それぞれの国《くに》は領土《りょうど》を持《も》ち、国境《こっきょう》を管理《かんり》し、人《ひと》の往来《おうらい》をコントロールしています。自分《じぶん》の国民《こくみん》と国民以外《こくみんいがい》の人《ひと》を区別《くべつ》して、外国人《がいこくじん》の入国《にゅうこく》を許可《きょか》するための基準《きじゅん》をつくり、手続《てつづ》きを整備《せいび》し、これを人《ひと》の往来《おうらい》に適用《てきよう》するのです。こうした人《ひと》の往来《おうらい》のコントロールのことを「出入国管理《しゅつにゅうこくかんり》」といいます。読者《どくしゃ》のみなさんの中《なか》にも、海外旅行《かいがいりょこう》に行《い》き、外国《がいこく》の空港《くうこう》で入国審査《にゅうこくしんさ》の手続《てつづ》きを経験《けいけん》したことがある人《ひと》もいるかもしれません。

ところで、現在《げんざい》の世界《せかい》には、大《おお》きな経済格差《けいざいかくさ》があります。ひと握《にぎ》りの豊《ゆた》かな国《くに》と、貧《まず》しい国《くに》の格差《かくさ》は、たいへん大《おお》きなものです。物価《ぶっか》のちがいを考慮《こうりょ》しても、一人《ひとり》あたりのＧＤＰ（国内総生産《こくないそうせいさん》）で計算《けいさん》して、豊《ゆた》かなグループに属《ぞく》する国《くに》ぐにと、貧《まず》しい国《くに》のあいだには、50倍《ばい》かそれ以上《いじょう》の格差《かくさ》があるとされています。

これだけの格差《かくさ》があるなか、貧《まず》しい国《くに》からは毎年《まいとし》、何百万人《なんびゃくまんにん》もの人々《ひとびと》が国境《こっきょう》を越《こ》えて移動《いどう》します。彼《かれ》らは、病気《びょうき》の親《おや》の治療費《ちりょうひ》を稼《かせ》ぐため、あるいは子《こ》どもたちの学費《がくひ》を払《はら》うため、自分自身《じぶんじしん》がよりよい生活《せいかつ》を送《おく》るチャンスをつかむために、豊《ゆた》かな国《くに》にチャンスを求《もと》めるのです。たとえばフィリピンの場合《ばあい》、海外《かいがい》で働《はたら》くフィリピン人労働者《じんろうどうしゃ》とその家族《かぞく》はおよそ１０００万人《まんにん》。これは人口《じんこう》の約《やく》1割《わり》に達《たっ》します。家族《かぞく》や友人《ゆうじん》の中《なか》に、貧《まず》しさから抜《ぬ》け出《だ》すために外国《がいこく》に出稼《でかせ》ぎに行《い》ったことがある人《ひと》がいる、あるいは自分自身《じぶんじしん》がそうだということは、日本《にほん》で暮《く》らしているとなかなかピンと来《き》ませんが、多《おお》くの国《くに》では当《あ》たり前《まえ》のことなのです。

他方《たほう》、豊《ゆた》かな国《くに》の側《がわ》も、自分《じぶん》の国《くに》ではじゅうぶんにまかなうことのできない働《はたら》き手《て》を、外国《がいこく》から来《く》る労働者《ろうどうしゃ》に頼《たよ》ろうとします。日本《にほん》では、1980年代後半《ねんだいこうはん》の好景気《こうけいき》のころ、建設現場《けんせつげんば》や工場《こうじょう》などの力仕事《ちからしごと》が若者《わかもの》から敬遠《けいえん》されるようになり、不足《ふそく》した働《はたら》き手《て》を補《おぎな》うために、アジア諸国《しょこく》を中心《ちゅうしん》におおぜいの外国人労働者《がいこくじんろうどうしゃ》が来《く》るようになりました。90年代《ねんだい》、不況《ふきょう》が長引《ながび》くと、企業《きぎょう》は人件費《じんけんひ》を抑《おさ》えるため、南米《なんべい》から来《き》た日系人《にっけいじん》やその家族《かぞく》を、おおぜい工場《こうじょう》で働《はたら》かせるようになりました。

そしていま、人口減少《じんこうげんしょう》と高齢化《こうれいか》がもたらす人手不足《ひとでぶそく》を背景《はいけい》に、さらに多《おお》くの外国人《がいこくじん》が日本《にほん》で働《はたら》くようになりました。コンビニエンスストアの店員《てんいん》や、ファミリーレストランのウェイトレスとして外国人《がいこくじん》が働《はたら》いているのを見《み》たことがあるという人《ひと》は多《おお》いと思《おも》います。貧《まず》しい国《くに》から豊《ゆた》かな国《くに》へ、よりよい生活《せいかつ》を求《もと》めてわたってくる人《ひと》の流《なが》れは止《と》めることができません。

ところで、出入国管理《しゅつにゅうこくかんり》は、完璧《かんぺき》ではありません。豊《ゆた》かな国《くに》で働《はたら》きたいという貧《まず》しい国《くに》の人《ひと》の願望《がんぼう》や、外国人労働者《がいこくじんろうどうしゃ》を必要《ひつよう》としている豊《ゆた》かな国《くに》の労働現場《ろうどうげんば》の実情《じつじょう》に、かならずしも応《こた》えるものにはなっていません。また、豊《ゆた》かな国《くに》が独自《どくじ》のルールをつくって人《ひと》の流《なが》れを食《く》い止《と》めようとしても、それをかいくぐるようにして入国《にゅうこく》する人《ひと》は出《で》てきます。ある人《ひと》は、働《はたら》く目的《もくてき》であるにもかかわらず観光《かんこう》に来《き》たと説明《せつめい》し、またある人《ひと》は、入国《にゅうこく》が許《ゆる》された他人《たにん》の旅券《りょけん》を使《つか》って、またある人《ひと》は監視《かんし》のない場所《ばしょ》を見《み》つけて、国境《こっきょう》を越《こ》えます。

こうして、在留資格《ざいりゅうしかく》=ビザのない外国人《がいこくじん》は必然的《ひつぜんてき》に生《う》まれるのです。世界《せかい》の豊《ゆた》かな国《くに》にいる「不法移民《ふほういみん》」は、合計《ごうけい》すると１０００万人《まんにん》とも２０００万人《まんにん》ともされ、２０１９年《ねん》１月《がつ》の時点《じてん》で、日本《にほん》にも約《やく》７万《まん》４０００人《にん》のビザのない外国人《がいこくじん》がいるとされています。

ビザがない外国人《がいこくじん》は、日本《にほん》でさまざまな暮《く》らしをしています。ある人《ひと》は工場《こうじょう》で、ある人《ひと》は農家《のうか》で働《はたら》いています。日本人《にほんじん》と結婚《けっこん》して家庭《かてい》を築《きず》いている人《ひと》もいます。日本《にほん》の小学校《しょうがっこう》や中学校《ちゅうがっこう》で、日本人《にほんじん》の子《こ》どもと一緒《いっしょ》に勉強《べんきょう》している人《ひと》もいます。ビザのない外国人《がいこくじん》は日本人《にほんじん》と日常《にちじょう》をともにしています。彼《かれ》らは、私《わたし》たちとともに日本《にほん》の社会《しゃかい》を形《かたち》づくっており、一部《いちぶ》の人《ひと》たちが言《い》うような「恐《おそ》ろしい犯罪者《はんざいしゃ》」ではありません。

ただ、ビザのない外国人《がいこくじん》は、日本人《にほんじん》やビザのある外国人《がいこくじん》とは異《こと》なる立場《たちば》に置《お》かれています。まず彼《かれ》らは、日本《にほん》で生活《せいかつ》するうえで、さまざまな場面《ばめん》で困難《こんなん》に直面《ちょくめん》しています。たとえば、ビザのない外国人《がいこくじん》は、仕事《しごと》を見《み》つけることがたいへんです。なぜなら、国《くに》は企業《きぎょう》に対《たい》して、ビザのない外国人《がいこくじん》を雇《やと》わないように刑罰《けいばつ》を科《か》したり、さまざまな方法《ほうほう》で呼《よ》びかけているからです。また、人手《ひとで》が足《た》りない時期《じき》はビザがないことに目《め》をつむって雇《やと》っても、景気《けいき》が悪《わる》くなると「ビザがないから」という理由《りゆう》で首《くび》にしたりする会社《かいしゃ》や、ビザがないという弱《よわ》みにつけこんで、ひどい労働条件《ろうどうじょうけん》を押《お》しつける会社《かいしゃ》もあります。

また、ビザのない外国人《がいこくじん》は、社会福祉《しゃかいふくし》を受《う》けることができません。病気《びょうき》になっても健康保険《けんこうほけん》が使《つか》えず、高額《こうがく》な治療費《ちりょうひ》が払《はら》えないことから、がまんをして症状《しょうじょう》を悪化《あっか》させてしまうことがあります。さらに、ビザのない外国人《がいこくじん》は、警察《けいさつ》や入国管理局《にゅうこくかんりきょく》によって捕《つか》まり、収容所《しゅうようじょ》に入《い》れられて、日本《にほん》から強制的《きょうせいてき》に送《おく》り出《だ》されてしまう（「強制送還《きょうせいそうかん》」といいます）ことがあります。

この本《ほん》の中《なか》でも、ナディさんがケガをしたり病気《びょうき》になったりしても、お金《かね》の心配《しんぱい》からなかなか病院《びょういん》に行《い》かず膝《ひざ》を悪《わる》くしたことや、お父《とう》さんが警察《けいさつ》に捕《つか》まってしまったエピソードが紹介《しょうかい》されています。

もっとも、警察《けいさつ》や入国管理局《にゅうこくかんりきょく》に捕《つか》まれば、かならず強制送還《きょうせいそうかん》されてしまうわけではありません。ビザのない外国人《がいこくじん》であっても、たとえば日本人《にほんじん》と結婚《けっこん》していたり、幼《おさな》いころに日本《にほん》に来《き》て日本《にほん》の学校《がっこう》に通《かよ》っていたりといった事情《じじょう》がある場合《ばあい》は、特別《とくべつ》に在留《ざいりゅう》を認《みと》められることがあります。これを「在留特別許可《ざいりゅうとくべつきょか》」といいます。6歳《さい》で日本《にほん》に来《き》たナディさんは、高校生《こうこうせい》のときに在留特別許可《ざいりゅうとくべつきょか》を得《え》ることができました。

　ある外国人《がいこくじん》が強制送還《きょうせいそうかん》になるか、在留特別許可《ざいりゅうとくべつきょか》を認《みと》められるかは、どのように決《き》めたらよいのでしょうか。それぞれの国《くに》の政府《せいふ》が自由《じゆう》に決《き》めてよいという考《かんが》え方《かた》があります。つまり、その外国人《がいこくじん》が日本人《にほんじん》と結婚《けっこん》していても、幼《おさな》いころから学校《がっこう》に通《かよ》っていても、在留特別許可《ざいりゅうとくべつきょか》を与《あた》えるか強制送還《せいそうかん》するかは、日本政府《にほんせいふ》が自由《じゆう》に決《き》めることができる、という考《かんが》え方《かた》です。

　ただ、人《ひと》には生《う》まれながらにしてさまざまな権利《けんり》が認《みと》められています。家族《かぞく》とともに生活《せいかつ》する権利《けんり》、教育《きょういく》を受《う》け成長《せいちょう》する権利《けんり》――これらは人間《にんげん》である以上《いじょう》、等《ひと》しく有《ゆう》する人権《じんけん》であり、ビザのない外国人《がいこくじん》だからといって、否定《ひてい》されるものではありません。

　それでは、強制送還《きょうせいそうかん》によってビザのない外国人《がいこくじん》の人権《じんけん》が侵害《しんがい》されることはないでしょうか。たとえば、ビザのない外国人《がいこくじん》の男性《だんせい》が、日本人《にほんじん》と結婚《けっこん》して子《こ》どもをもうけた場合《ばあい》、彼《かれ》を妻《つま》やわが子《こ》から引《ひ》き離《はな》して強制送還《きょうせいそうかん》することにより、家族《かぞく》と生活《せいかつ》する権利《けんり》は失《うしな》われないでしょうか。ビザのない女《おんな》の子《こ》が日本《にほん》の小学校《しょうがっこう》、中学校《ちゅうがっこう》を卒業《そつぎょう》し、高校《こうこう》で勉強《べんきょう》していた場合《ばあい》、彼女《かのじょ》のこれまで日本《にほん》の学校《がっこう》で学《まな》んできた成果《せいか》をなしにして強制送還《きょうせいそうかん》することにより、彼女《かのじょ》の教育《きょういく》を受《う》ける権利《けんり》、成長《せいちょう》する権利《けんり》が奪《うば》われないでしょうか。

その答《こた》えは、みなさん自身《じしん》にこれから考《かんが》えていただくこととしましょう。でも、答《こた》えを出《だ》す前《まえ》に知《し》っておくべきことがあります。「ビザのない外国人《がいこくじん》」は特別《とくべつ》な存在《そんざい》ではありません。それは、クラスで一緒《いっしょ》に授業《じゅぎょう》を受《う》けている友人《ゆうじん》かもしれない。両親《りょうしん》の働《はたら》く職場《しょくば》の同僚《どうりょう》かもしれない。もしもみなさんが気《き》がついていないとしても、彼女《かのじょ》ら彼《かれ》らは、みなさんの近《ちか》くにいます。この本《ほん》が、みなさんがそれに気《き》づく第一歩《だいいっぽ》になることを、心《こころ》から願《ねが》っています。

やまぐち・げんいち／弁護士法人《べんごしほうじん》あると、第二東京弁護士会所属《だいにとうきょうべんごしかいしょぞく》。外国人《がいこくじん》の在留資格《ざいりゅうしかく》にかかわる数多《かずおお》くの裁判《さいばん》を担当《たんとう》してきた。ななころびやおきのペンネームで著書《ちょしょ》『ブエノス・ディアス、ニッポン』（ラティーナ）がある。

参考文献

法務省「出入国在留管理基本計画」２０１９年4月
文部科学省「日本語指導が必要な児童生徒の受入状況に関する調査（平成28年度）の結果について」２０１７年6月
望月優大『ふたつの日本　「移民国家」の建前と現実』（講談社現代新書）
木下理仁『国籍の?《ハテナ》がわかる本』（太郎次郎社エディタス）

著者　ナディ

1984年イラン生まれ。91年に出稼ぎ労働目的の両親とともに家族で来日し，オーバーステイ（超過滞在）のまま首都圏郊外で育つ。小学３年から公立学校に通い，高校在学中に家族とともに在留特別許可を得て定住資格を獲得。大学卒業後は都内の企業に勤務し，現在は２児の母。好きなスタバのドリンクは，グランデ オールミルクチャイラテ。

編集協力　田極泰平
カバー・本文イラスト　伊藤ハムスター
装幀　わたなべひろこ

ふるさとって呼《よ》んでもいいですか
——６歳《さい》で「移民《いみん》」になった私《わたし》の物語《ものがたり》

2019年６月14日　第１刷発行
2025年１月22日　第７刷発行

定価はカバーに表示してあります

著　者　ナ　デ　ィ
発行者　中　川　　進

〒113-0033　東京都文京区本郷2-27-16

発行所　株式会社　大　月　書　店

印刷　太平印刷社
製本　中　永　製　本

電話（代表）03-3813-4651　FAX 03-3813-4656／振替 00130-7-16387
https://www.otsukishoten.co.jp/

ISBN 978-4-272-33096-6　C0036　Printed in Japan

刑務所しか居場所がない人たち
学校では教えてくれない、障害と犯罪の話
山本譲司 著
四六判一六八頁
本体一五〇〇円

犬房女子（けんぼうじょし）
犬猫殺処分施設で働くということ
藤崎童士 著
四六判二二四頁
本体一六〇〇円

「社会を変えよう」といわれたら
木下ちがや 著
四六判二二四頁
本体一六〇〇円

フェイクと憎悪
歪むメディアと民主主義
永田浩三 編著
四六判二七二頁
本体一八〇〇円

大月書店刊
価格税別